습관은 실천할 때 완성됩니다.

좋은습관연구소의 58번째 좋은 습관은 "대화의 주도권을 잡는 습관"입니다. 즉 협상의 기술을 익혀 나에게 유리한 결정이 이뤄지도록 하는 것을 말합니다. 좋은습관연구소는 이를 위해 "협상의 달인", "거래의 달인"이라 일컬어지는 도널드 트럼프 미국 대통령의 협상 기술을 분석 정리했습니다. 총 10개의 협상의 기술을 뽑고, 각 협상의 기술을 일상생활에서 어떻게 활용하면 좋을지, 반대로 이러한 기술을 쓰는 상대방을 만났을 때 어떻게 대응하면 좋을지를 알아보았습니다. 나를 지키는 말을 생각해보는 시간이 되었으면 합니다.

대화의 주도권을 잡는 협상의 기술

: 트럼프에게 배워 일상에서 써먹다

정재엽 지음

좋은습관연구소

트럼프 협상의 기술 – 실전 핵심 10문장

기술 1. 극단적 요구 – "최소한 이 정도는 되어야 시작할 수 있죠."

처음부터 높은 기준을 제시해 협상의 출발점을 유리하게 선점한다.

기술 2. 예측 불가능성 – "아직 정한 건 없습니다, 상황을 봐야겠군요."

의도적으로 모호하게 행동해 상대를 불안하게 만들고, 협상을 원하는 방향으로 이끈다.

기술 3. 힘의 과시 - "오늘 결론이 안 나도, 제겐 다른 선택지가 있습니다."

시한과 대안을 명확히 제시해, 내가 다양한 선택지를 보유한 힘이 있음을 보여준다.

기술 4. 깨뜨릴 준비 - "조건이 안 맞으면 협상은 여기서 끝입니다."

조건이 맞지 않으면 협상을 중단할 수 있음을 분명히 한다.

기술 5. 개인화된 접근 - "이건 당신에게만 드리는 제안입니다."

상대를 특별히 대우하며, '당신만을 위한 제안'이라는 인상을 심는다.

기술 6. 예고 없는 선물 - "예상 못 하셨죠? 제가 드리고 싶은 겁니다."

예상치 못한 시점에 선물을 제공해 호의와 협상 동력을 높인다.

기술 7. 여론을 통한 압박 - "다른 분들은 이미 그렇게 생각하시더군요."

여론을 내 편으로 만들어 상대를 간접적으로 압박한다.

기술 8. 다중 이슈 연계 - "이 문제만 보지 말고, 전체 그림을 보시죠."
여러 사안을 묶어 유리한 쟁점을 지렛대로 활용, 전체 합의를 이끌어낸다.

기술 9. 감정 폭발 - "도대체 어떻게 이런 제안을 하실 수 있죠?"
감정을 전략적으로 드러내 상대의 시선을 끌고 협상 분위기를 주도한다.

기술 10. 약점 공략 - "지금 가장 큰 부담이 이 부분 아닌가요?"
상대의 약점을 지적하고 이를 해결할 대안을 내세워 협상을 유리하게 이끈다.

서문.
거친 언어 속에서 협상을 다시 배운다

(1)

어느 날 구독하는 뉴욕타임스를 태블릿으로 펼쳤을 때, 트럼프 대통령의 협상 장면이 눈에 들어왔다. 아니, '협상'이라기보다는 언쟁 같았고, 때론 압박 같았다. 그리고 그 이면에는 감정이 실려 있었다. 나는 생각했다. 저렇게도 협상을 할 수 있구나. 저렇게 해도 이기는 사람이 있을까? 과연 협상이라고 할 수 있을까?

그는 대통령이자 동시에 쇼맨이었다. 그리고 협상가였다. 이 책은 그의 세 얼굴 중 마지막 하나, "협상가 트럼프"에 초점을 맞췄다.

이 책을 쓰며 그가 남긴 말과 행동, 결정과 파열음 속에서 협상의 문장을 읽어내려 했다. 하지만 결코 쉬운 일이 아니었다. 감정은 날 것처럼 살아 있었고, 그의 방식은 불균형했고, 때로는 통념을 배반했다. 그러나 그 속에서 나는 자꾸만 멈칫했고, 다시 책상 앞에 앉았다. 왜냐하면, 거칠고 예측할 수 없는 언어들 속에서 역설적으로 우리가 자주 협상에서 놓치고 있는 본질이 보여서였다.

우리는 협상을 너무 단정적으로 배워왔다. 정리된 명제, 도식화된 전략, 차분한 커뮤니케이션의 기술들. 그러나 세상은 그렇게 단순하지가 않다. 협상은 계획과 감정, 논리와 기세, 타이밍과 우연이 얽혀 있는 복합적인 과정이다.

트럼프는 그 복잡함을 숨기지 않았고, 오히려 전시했다. 감정을 숨기지 않고 드러냈으며, 규칙을 따르지 않고 재설계했으며, 상대의 약점을 정면으로 건드렸다. 그는 비난받았지만 전략은 통했다.

그가 남긴 말 한마디, 전격적인 제안, 대중 앞에서 한 발언, 심지어 침묵까지도. 협상의 언어로 다시 읽어보았다. 그 안에 담긴 전략과 감정, 계산과 돌발성, 그리고 인간적인 고집을

"협상의 기술"이라는 틀 안에서 재구성하려 했다.

독자 여러분께 이 책은 협상의 기술서일 수도 있고, 전략의 참고서일 수도 있다. 하지만, 바란다. 이 책이 누군가에게는 자신의 언어와 태도를 돌아보게 하는 거울이 되기를. 조금 더 진심으로, 그리고 조금 더 뚜렷한 경계로 나를 지키고 대화의 주도권을 잡을 수 있기를.

이제, 그 여정의 첫 장을 넘기려 한다.

(2)

2018년 6월 12일, 싱가포르 센토사섬.

미국과 북한과의 세기의 정상회담이 열렸다. 전 세계는 이 순간을 숨죽이며 쳐다보았다. 그리고 누구보다 그 순간을 기다린 사람이 있었다. 다름 아닌 트럼프였다.

회담 직전까지도 결과는 미지수였다. 미국 내외 언론은 "의전상의 해프닝이 될 수도 있다", "정치적 쇼일 뿐이다"라고 조롱했지만, 트럼프는 기자들 앞에서 활짝 웃으며 말했다.

"이 회담은 1분이면 충분할 수도 있어요. 처음 악수했을 때 감이 올 겁니다."

1분의 감, 그것이 트럼프가 믿는 협상의 세계였다. 철저히 직관적이고, 강하게 밀어붙이며, 판을 바꾸고, 감정을 무기로 삼는. 그는 자신의 방식으로 뉴욕의 부동산을 얻었고, 백악관에 입성했으며, 재선에 성공했으며, 심지어 국제 외교마저 자신의 무대로 재편했다.

아시다시피 트럼프의 협상은 결코 우아하지 않다. 예의 바르지도 않고, 심지어 비열하기까지 하다. 그러나 그는 안다. 협상은 체면 싸움이 아니라 힘의 재구성이라는 사실을. 그는 이기는 사람의 방식으로 협상했고, 불편한 진실을 전면에 꺼냈으며, 감정을 숨기지 않고 전략적으로 폭발시켰다.

트럼프는 우리에게 질문한다.

"당신은 왜 협상 테이블의 주도권을 넘겨주고 있는가?"

앞으로 그의 10가지 협상 기술을 살펴볼 예정이다. 실제 협상 사례와 그 속에 숨은 전략, 그리고 트럼프 같은 갑의 위치에 있는 협상가를 만났을 때 을인 나의 대처법까지.

트럼프의 협상 세계로 들어가 보자. 낯설지만 이상하게 익숙한 풍경 속에서, 새로운 협상의 얼굴을 마주하게 될 것이다.

목차

트럼프 협상의 기술 - 실전 핵심 문장 10 — **5**
서문. 거친 언어 속에서 협상을 다시 배운다 — **8**
트럼프 협상의 3대 원칙 — **17**

기술 1: 극단적 요구 — 25

* 사례: 전 세계를 상대로 한 2025년 트럼프 관세 전쟁
* 적용: 기준점 효과(Anchor Effect)의 전략적 활용

기술 2: 예측 불가능성 — 39

* 사례: 2025 미국-우크라이나 정상 회담 이후, 미국의 전쟁 개입 여부 입장 발언
* 적용: 확답하지 않음으로써 협상 우위 확보

기술 3: 힘의 과시 — 55

* 사례: 2019년 미국-멕시코 관세 협상과 이민 정책 조건부 연계
* 적용: 힘을 가진 사람의 존재감 드러내기

기술 4: 깨뜨릴 준비 — 71

* 사례: 2017년 미국의 NAFTA 탈퇴 선언, 2018~2019년 미중 무역 협상
* 적용: 절박하지 않은 태도가 협상의 판을 바꾼다

기술 5: 개인화된 접근 — 85

* 사례: 트럼프의 아베 신조, 마크롱, 김정은과의 맞춤형 관계 설계
* 적용: 상대의 특성과 맥락에 맞춘 '맞춤형 언어'로 설득력 강화

기술 6: 예고 없는 선물 — 99

* 사례: 2018년 싱가포르 센토사 북미정상회담 – 트럼프의 비전 영상 노출
* 적용: 감정의 문을 여는 '예상 밖의 호의' 전략

기술 7: 여론을 통한 압박 — 111

* 사례: 2025년 미국 우크라이나 정상 회담 - 젤렌스키 대통령과의 설전
* 적용: "다른 사람들도 다 그렇게 생각한다"는 집단 프레임 활용

기술 8: 다중 이슈 연계 — 125

* 사례: 2025년 전 세계를 상대로 한 트럼프의 관세 전쟁
* 적용: 무역, 외교, 안보 등을 패키지로 하되, 이중 하나를 주고 하나를 얻는 '묶음 협상' 구조 설계

기술 9: 감정 폭발 — 141

* 사례: 2025년 트럼프 행정부와 하버드 대학간의 갈등
* 적용: 억울함과 분노 같은 감정적 도구를 구조 전환의 신호로 쓰는 법

기술 10: 약점 공략 — 153

* 사례: 2025년 미국-남아공 정상 회담 - 공개된 자리에서 남아공 인권 문제 지적
* 적용: 약점을 직접 언급하되 '기회'로 제시하는 방식의 설계

트럼프 협상의 빛과 그림자 — **167**
트럼프에게서 배울 수 있는 것들 — **175**
에필로그. 협상의 끝, 혹은 또 다른 시작 — **182**
부록. 협상의 주요 전략/기법 — **186**

트럼프 협상의 3대 원칙

1. 진실된 과장법
2. 승리 지향 사고방식
3. 무엇이든 거래할 수 있다는 신념

진실된 과장법: 무해한 과장

트럼프는 자신의 대표작 『거래의 기술(The Art of the Deal)』에서 '진실된 과장법'(truthful hyperbole)이라는 독특한 개념을 제시했다. 언뜻 모순처럼 들리지만, 그가 협상에서 반복적으로 사용해온 '감정 자극형 언어 기술'이다. 트럼프는 이렇게 말했다.

"진실된 과장법은 무해한 형태의 과장이다. 그리고 매우 효과적인 홍보 수단이다."(Truthful hyperbole is an innocent form of exaggeration—and a very effective form of promotion."— Donald J. Trump, The Art of the Deal, 1987)

트럼프가 말하는 진실된 과장법은 허위 사실의 유포가 아니라, 특정 메시지를 감정적으로 극대화하여 대중의 상상력과 집중을 끌어당기는 기술이다. 예를 들어, 그는 자신이 개발한 빌딩을 "맨해튼에서 가장 멋진 건물"이라고 소개하면서 그 표현이 일종의 전략임을 감추지 않았다. 이는 단순한 허세나 거짓말이 아니라, 주목을 유도하고 기대를 증폭시키는 수사적

장치였다.

청중이 '사실'보다 '느낌'을 기준으로 판단할 때, 진실된 과장법은 유효하게 작동한다. 한국 사회에서 이런 화법은 다음과 같은 형태로 쉽게 볼 수 있다.

"이 제안, 지금까지 나온 조건 중 최고입니다."

"이 프로젝트는 단기간 내에 큰 성과를 낼 수 있어요."

"고객 반응이 폭발적이어서, 곧 마감될 예정입니다."

실세 수치는 다소 과장되었을 수 있지만, 핵심은 그 말이 전달하고자 하는 '진심의 방향성'에 있다. 트럼프는 이것을 "현실을 왜곡하는 것이 아니라, 현실을 설계하는 방식"으로 간주했다.

승리 지향 사고방식: 협상은 존재의 증명

트럼프는 협상을 단순한 합의의 과정으로 보지 않았다. 존재의 증명이고, 정당성의 확인 절차로 보았다. 그는 상대를 설득하거나 이해시키려 하지 않았다. 대신 자신이 협상 테이블에 앉은 이유를 두고 오직 승리하기 위해서라고 말했다.

"나는 거래 자체를 위해 일한다. 거래는 나의 예술이다. ... 나는 딜을 좋아한다, 특히 큰 딜. 그것이 내 재미의 원천이다."(I do it to do it. Deals are my art form. ... I like making deals, preferably big deals. That's how I get my kicks. - Donald J. Trump, The Art of the Deal, 1987)

트럼프는 철저히 결과 지향적이었다. 협상을 하나의 전장으로 간주하며 논리와 감정, 시간과 심리, 심지어는 예측 불가능성까지 모두 도구로 삼았다. '나만 이기면 된다'는 태도를 갖되, 이기고자 하는 목적을 '거래의 성립'에 두지도 않았다. 진정한 승리는 상대방을 굴복하게 하는 데 있다고 생각했다.

협상은 무대이고, 무대 위 주인공은 흔들리지 않는 신념을 가진 자라는 것. 트럼프에게 협상은 기회이자, 자아의 표현이자, 권력의 실현이었다.

무엇이든 거래할 수 있다는 신념: '금기'를 협상 테이블 위로 올리는 법

트럼프 협상의 가장 도발적인 문장은 아마도 다음과 같을 것이다.

"나는 목표를 아주 높게 잡고, 내가 원하는 것을 얻을 때까지 밀어붙이고 또 밀어붙인다."(I am very high, and then I just keep pushing and pushing and pushing to get what I'm after." - Donald J. Trump, Think Big, 2007)

그는 이 원칙에 따라 국가 간 군사 동맹, 종교 단체와의 관계, 대학과의 세금 협정, 심지어는 '진실'까지도 협상의 대상으로 삼았다. NATO(북대서양조약기구) 동맹국과는 방위비 분담금을 협상의 대상으로 올렸고, 중국과는 통상뿐만이 아니라 인권, 환율, 기술 이전 등 거의 모든 분야에서 거래 테이블을 다시 짰다. 불가능하다고 여겨지는 '성역'도 트럼프에게는 협상 카드일 뿐이었다.

[성역] "이 건은 원칙상 협상 대상이 아닙니다."
→ [트럼프] "그래서 더 협상할 이유가 된다."
[성역] "여기서 한 발짝 더 가면 도의적으로 문제가 됩니다."
→ [트럼프] "도의는 감정의 언어고, 거래는 이익의 언어다."

그는 자신의 책에서도 다음과 같은 말을 한 적이 있다.

"거래는 나의 예술이다. 누군가는 그림을 그리고, 누군가는 시를 쓴다. 나는 거래를 만든다."(Deals are my art form. Other people paint beautifully or write poetry. I make deals. - Donald J. Trump, The Art of the Deal, 1987)

그에게 협상이란 '거래 그 자체'의 매력을 실현하는 일이었다. 그래서 어떤 주제도 상관 없었다.

3대 원칙은 실전 기술의 토대

이제부터 다룰 10개의 트럼프 협상 기술은 방금 소개한 3

대 원칙 위에 세워진 실전 기술이다. 트럼프에게 3대 원칙은 철학·사상 수준의 핵심 가치관과 사고 틀이다. 협상의 뼈대이자 정신이나 다름없다.

독자들은 이제껏 '불편하다'고 느껴왔던 트럼프식 말투와 전략이 실제로는 얼마나 정교하고 반복적으로 사용되는 설계된 협상 기술인지 이 책을 통해 확인하게 된다.

이 책이 전하고자 하는 메시지는 단순하다. 트럼프처럼 말하라는 것이 아니라, 트럼프처럼 '생각'하고, 트럼프처럼 '판을 바꾸라'는 것이다. 더 나아가 트럼프 같은 갑을 만났을 때 이기는 협상을 하라는 것이다.

협상가로서 도약하는 첫걸음을 뗄 수 있도록 도와줄 것이다.

기술 1: 극단적 요구

* 사례: 전 세계를 상대로 한 2025년 트럼프 관세 전쟁
* 적용: 기준점 효과(Anchor Effect)의 전략적 활용

1)초기 제안은 '심리적 기준점'이다. 전략적 선점이 협상을 유리하게 이끈다.
2)무작정 높게 부르지 말고 '시장가', '평균가', '전문가 견해' 등을 덧붙여 불러라.
3)높은 기준을 먼저 제시하고, 원래 원하는 수준에서 합의하면 상대는 양보받았다고 느낀다.

사례

2025년 초, 도널드 트럼프 미국 대통령은 국제 사회를 깜짝 놀라게 한 발언을 내놓았다. 중국, 캐나다, 멕시코 등 주요 무역 상대국에 대해 최대 45%의 관세를 부과할 계획이라고 공식 발표한 것이다. 그동안 미국이 이들 국가와 맺고 있던 기존 무역 협정에서의 관세율은 대부분 한 자릿수 수준이었기 때문에 트럼프의 급진적 요구는 전 세계에 큰 충격을 안겨주었다.

세계 주요 언론들은 즉시 이 사건을 두고 "글로벌 경제에 심각한 충격을 줄 수 있는 무역 전쟁의 전조"로 보도했다. CNN은 "극도로 위험한 도박"(Extremely dangerous gamble)이라고 비판했고, 뉴욕타임스 역시 사설에서 "트럼프 대통령의 무모한 관세 정책이 글로벌 경제와 무역 패턴에 중대한 변화를 초래할 것"(This shift is poised to alter competitive dynamics for numerous businesses and chart a new trajectory for trade patterns and the global economy in the forthcoming years.)이라고 경고했다.

트럼프의 발언 이후 세계 경제는 큰 혼란에 빠졌고, 미국 주

식시장은 즉각적인 하락세를 보였고, 각국의 경제 전문가들은 트럼프의 전략이 글로벌 경기침체를 촉발할 수 있다고 우려했다.

가장 먼저 중국 정부가 강력한 반응을 보였다. 외교부 명의의 긴급 성명을 발표하며 "미국의 제안은 세계 무역 질서를 위협하고, 글로벌 경제를 위기로 몰아넣을 것"이라고 경고했다. 중국 상무부 또한 "이런 과격한 조치가 실제로 시행된다면, 중국은 단호한 보복 조치를 취할 수밖에 없다"는 강경한 입장을 밝혔다.

멕시코와 캐나다 역시 즉각 반발했다. 캐나다 총리는 성명을 통해 "극단적인 관세 부과는 받아들일 수 없으며, 국제법에도 위배된다"고 강하게 비판했다. 멕시코 대통령 또한 "미국과의 관계가 악화되는 것을 원치 않지만, 미국이 이 제안을 고수한다면 우리는 필요한 모든 대응책을 준비하겠다"라고 선언했다.

하지만 이러한 거센 반응에도 트럼프는 흔들리지 않았다. 오히려 자신이 소유주로 있는 소셜미디어 트루스 소셜(Truth Social)에서 다음과 같이 발언했다.

"미국은 수십 년 전에 했어야 할 일을 이제 실행할 기회를 가졌다. 약해지지 마라! 어리석지도 마라! '패닉당'(약하고 어리석은 사람들이 만든 새 정당)이 되지 마라. 강인하고, 용감하고, 인내심을 가져라. 그러면 위대함이 결과가 될 것이다!"(The United States has a chance to do something that should have been done DECADES AGO. Don't be Weak! Don't be Stupid! Don't be a PANICAN (A new party based on Weak and Stupid people!). Be Strong, Courageous, and Patient, and GREATNESS will be the result. - Truth Social, April 7th, 2025)

트럼프의 발언은 명확한 메시지를 전달한다. 처음부터 극단적인 요구를 하면서 상대방의 기대치를 조정하고, 이후 협상 과정을 통해 유리한 위치를 확보해 간다. 그는 자신이 설정한 높은 관세를 실제로 부과하지는 않았다. 협상 테이블에서의 우위를 확보하기 위한 전략적 포석으로 활용했다.

강력한 첫 요구는 상대국에게 심리적 압박을 주기에 충분했다. 점점 시간이 흐르면서 중국, 캐나다, 멕시코는 현실적인 이익을 고려하여 협상 테이블로 복귀할 수밖에 없었다. 그러다 협상이 시작되면서 트럼프는 미묘하게 태도를 바꿨다. 초반의 극단적인 요구에서 일부 후퇴하며 관세율 조정 가능성을 내비쳤다. 상대국들은 이를 '미국의 양보'로 해석하며 긍정적으로 평가했다. 그러나 사실 트럼프는 처음부터 이러한 순서를 계획하고 있었다. 첫 기준점을 매우 높게 설정해 놓고, 조금씩 양보하는 것처럼 하고서는 원하는 조건을 확보했다.

협상은 초기 제안인 45%의 관세율보다 현저히 낮은 수준에서 진행되었다. 표면적으로 보면 상대국들은 협상에서 상당한 양보를 얻은 것처럼 보였다. 하지만 미국은 초기의 극단적 기준 설정을 통해 자신들이 원하는 조건을 협상 테이블 위에 올려놓는 데 성공한 것이나 다름없었다.

월스트리트저널은 사설에서 트럼프 대통령이 관세율을 협상의 기준점(anchor)으로 활용해 상대국의 기대치를 효과적으로 낮추었으며, 이를 통해 유리한 입지를 확보했다고 분석했다.

하지만 2025년 8월 현재까지도 미국의 전 세계를 상대로 한 관세 협상은 공식 타결에 이르지 못했으며, 상당수 의제는 여전히 조율 중이거나 교착 상태에 빠져 있다. (우리나라의 경우만 잠깐 살펴보면, 4월 2일 25%를 부과했다가 8월 1일부로 15%로 조정하는 데 합의했다. 다만, 공식적인 문서에 의한 합의는 아직이다. 즉 이행 방식이나 세부 사항에 대해서는 여전히 협상의 여지가 많이 남아 있다.) 그럼에도 트럼프의 전략은 협상 초기부터 판을 주도하고 상대국의 기대치를 조정하는 효과적인 전술로 작용했다.

심리학에서는 트럼프의 이런 전략을 두고 "기준점 효과"(Anchor Effect)라고 부른다. 어떤 숫자나 조건이 먼저 제시되면, 그 이후 협상은 그 언저리에서 하게 된다는 것이다.

이 전략은 일상에서도 자주 활용된다. 기준점 효과를 활용하여 상대의 기대치를 조정하는 전략은 현대 협상학에서도 중요한 원리로 인정받고 있다.

기술 정리

1. 높은 초기 기준점 설정: 협상의 기준(anchor)을 높게 잡아 상대방의 기대치를 조정한다.
2. 심리적 압박 활용: 처음부터 높은 요구를 통해 상대방에게 강한 심리적 압박을 주고 양보를 이끌어낸다.
3. 전략적 유연성 확보: 극단적 초기 요구로 협상 중 유연성을 발휘할 여지를 넓힌다.
4. 상호 승리 인상 제공: 처음보다 낮은 조건을 최종적으로 수용함으로써 상대방도 협상에서 승리한 듯한 느낌이 들게 한다.

활용

극단적 요구는 단순히 '무리한 요구'가 아니다. 협상 초반에 제시되는 첫 번째 조건은 협상의 흐름과 심리적 기준을 좌우하는 기준점으로 작용한다. 이 기준점은 상대방의 판단을 틀어버리고, 내가 원하는 협상 결과에 가까워지도록 도와주는 심리적 기제다. 다음은 우리 삶 속에서 이 전략을 유용하게 활용할 수 있는 대표적인 장면들이다.

1)월세 재계약

재계약을 앞두고 인상 가능성이 있을 때, 세입자가 먼저 집 상태나 설비 문제를 근거로 기준점을 제시하면 협상의 흐름을 바꿀 수 있다. 예를 들어, 냉난방이 예전만 못하다거나 벽지에 곰팡이가 피기 시작한 상황에서 세입자가 **"요즘 습기 때문에 벽 쪽 곰팡이도 생기고, 에어컨도 작년보다 바람이 약해졌더라고요. 이 정도면 오히려 월세는 5만 원 정도 낮춰야 하는 거 아닌가요?"** 또는 **"이번에 재계약하면서 도배나 조명 교체 정도는 기본적으로 반영해 주셔야 할 것 같습니다"**라고 말한다면, 협상 기준은 자연스럽게 '월세 인하 또는 시설 보완 제공'에 맞춰진다. 집주인은 '월세 인상'을 꺼내보지도 못하고, 상대의 조건을 먼저 고려하게 된다.

다만 이 얘기를 꺼낼 때, 감정적이거나 항의하는 듯한 태도를 보이면 협상은 실패한다. "이 집 상태로 어떻게 올릴 생각을 하시느냐"며 따지듯 말하면 방어적 반응만 유도하게 된다. 따라서 차분하고 합리적인 말투로 이야기해야, 집주인에게도 **"상식적인 요구"**처럼 들리게 된다. 핵심은 월세라는 숫자보다, '상태 개선'이라는 새로운 기준을 선제적으로 제시해 집주인의 기대치를 재조정하는 데 있다.

2) 업무 평가

영상 제작, 홍보물 디자인, 웹 콘텐츠 개발 등 비교적 작은 단위의 창의 업무를 외부에 맡기지 않고 내부에서 직접 처리한 경우, 그 결과물을 상사나 평가자에게 보고할 때 기준점을 명확히 제시하면 효과가 크다.

예를 들어, 팀원 B씨가 인스타그램 광고용 숏폼 영상과 함께 SNS 배너 디자인까지 직접 완성한 후 **"이 정도 퀄리티면, 외주 업체에 맡길 때 150만 원 정도는 드는 작업입니다"**라고 조심스럽게 덧붙인다면, 상사는 해당 결과물을 단순한 내부 업무가 아닌 '시장 가치가 있는 결과물'로 인식하게 된다. 특히, 다른 직원이 참여하지 않은 채 B씨 혼자서 도맡아 처리한 일이었다면, 그 기여도는 더욱 부각된다.

이처럼 기준점을 '시장 가격'에 두면, 조직 내에서의 업무 기여도와 전문성에 대한 평가 기준도 자동으로 달라진다. 단순히 '업무 하나를 했다'가 아니라, '외부 자원을 아끼고 실질적 비용을 절감한 인물'로 인식이 된다. 그러면 향후 평가나 보상에서도 유리한 위치에 설 수 있다.

반격

자, 이번에는 트럼프 같은 상대를 만났다고 가정해보자. 어떻게 해야 할까? 앞서 살펴본 대로 트럼프는 협상장에서 크게 요구한다. 단순히 더 많은 것을 얻고 싶어서라기보다, 처음 던지는 그 말이 '기준점'이 된다는 것을 잘 알기 때문이다. '을'의 입장에서 취할 수 있는 네 가지 현실적 대응 전략이다.

1) "그건 너무 큽니다"라고 처음부터 짚고 넘어간다

상대의 말이 지나치다고 느껴진다면, 말로 명확히 표현해야 한다. 처음부터 제시된 요구가 너무 크면, 그 요구 자체가 협상의 중심이 되기 쉽기 때문이다.

누군가 "이건 300만 원이 적정 가격입니다"라고 말한다면, 그 순간부터 300만 원이 기준이 된다. 그런데 그렇지 않고, **"그건 너무 큽니다"**라고 선을 긋는다면, 기준점을 처음부터 거부하는 방식이 된다. 말 한마디로 협상의 출발점이 바뀌는 것이다. 상대는 자신의 요구가 무조건 받아들여지는 것이 아니라는 점을 인식하게 된다.

2) "제가 생각하는 기준은 이렇습니다"라고 기준을 새롭게 제시한다

상대가 큰 요구를 던졌을 때, 무조건 따라가는 것이 아니라 내가 정한 기준을 분명히 말한다. 이때 중요한 것은 막연한 기분이나 추측이 아니라, 객관적인 시세, 경험, 관행 등을 근거로 제시하는 것이다.

팀 프로젝트에서 "전부 네가 해야 해"라고 누군가 말한다면, "이런 종류의 과제는 분업이 기본입니다. **제가 생각한 기준은 역할을 나누는 것입니다.**"라고 대응할 수 있어야 한다.

3) "다른 사례에서는 이렇게 했습니다"라고 객관적 근거를 동원한다

상대가 내세우는 기준이 부당하다면, 그에 맞서는 가장 강력한 방법은 '다른 기준'을 제시하는 것이다. 단순히 감정이 아니라, 데이터와 사례로 말하는 방식이다.

직장에서 상사가 "이런 건 며칠 안에 다 하는 게 기본이지 않나요?"라고 질책을 한다면, **"이전 유사 과제는 1주일을 주셨습니다. 그때도 비슷한 분량이었습니다."**라고 반박할 수 있어야 한다. 사례를 제시해서 비교하는 것은 상대방 주장에 구멍을 낸다. 다른 기준점을 보여주는 것은 내가 준비된 협상가라는 인식을 심어주는 방식이 되기도 한다.

4) 즉시 반응하지 않고, 판단을 미룬다

극단적 요구는 상대방이 즉각적으로 반응하기를 원할 때 사용된다. 하지만 그 기대를 차단하면, 상대는 혼자서 무게 중심을 잃고 흔들릴 수 있다. 가장 조용한 대응은 '판단을 미루는 것'이다.

"그 조건은 좀 크네요. 하루 정도만 고민해보겠습니다." 이 말은 상대에게 생각할 시간을 주는 동시에, 협상 주도권을 다시 자신의 손으로 가져오는 계기가 되는 말이다. '거절'이 아니라 '보류'지만, 효과는 거절만큼 강력하다. 상대는 내가 즉각 수용할 사람이 아니라는 것을 알게 된다.

반격 정리

1. 터무니 없는 큰 요구 ⇨ "그건 너무 큽니다"라고 선을 긋는다면, 기준점을 처음부터 거부하는 방식이 된다.
2. 자신의 기준만 강조 ⇨ 무조건 따라가는 것이 아니라 내가 정한 기준을 분명히 말한다.
3. 기준의 객관성 결여 ⇨ "다른 사례에서는 이렇게 했습니다"라고 비교를 제시한다.
4. 즉각 반응의 기대 ⇨ "하루만 생각해보겠습니다"라고 판단을 유예한다.

결론

현실성이 부족한 기준이라도 심리적으로 '높은 선'을 남길 수 있다. 협상은 결국 수치 싸움이 아니라 기준 싸움이다. 협상장에서 꺼내는 첫 번째 숫자는 상대의 인식을 바꾸는 기준점이 된다. 처음에 무엇을 요구했느냐가 결국 무엇을 얻게 될지를 결정짓는다. 기준을 높게 잡는 사람만이 기준에 가까운 결과를 손에 넣을 수 있다.

'처음에 무엇을 말했는가'가 협상의 결정적 순간이다. 처음 제시하는 수치나 조건이 너무 낮으면, 내가 원하는 결과에 도달할 가능성도 낮아진다. 반면, 기준점을 너무 높게 설정하면, 이후 상대가 양보한 조건조차 내가 실제로 원했던 지점에 가까워질 수 있다. 트럼프가 무역 협상에서 "45% 관세"를 거론하며 협상의 틀 자체를 재설정했던 것도 같은 이유에서다.

극단적 요구는 협상의 시작을 흔드는 전략이지만, 이에 맞서는 을이라면, 기준점 자체를 다시 설정함으로써 상대의 페이스에 휘말리지 않을 수 있다. 협상은 따라가는 것이 아니라, 새로운 중심을 만들어가는 과정이다.

기술 2: 예측 불가능성

* 사례: 2025 미국-우크라이나 정상 회담 이후, 미국의 전쟁 개입 여부 입장 발언
* 적용: 확답하지 않음으로써 협상 우위 확보

1)즉답하지 말고, 여지를 남겨라. 모호함은 전략이다.
2)전략적 애매함은 상대에게 불안감을 준다. 심리적 긴장을 유도한다.
3)"결정은 아직"이라는 표현은 협상에서 더 많은 제안을 받을 수 있는 말이다.

사례

2022년 2월 24일, 블라디미르 푸틴 러시아 대통령은 우크라이나의 '비무장화'와 '탈나치화' 그리고 '돈바스 지역의 친러 주민 보호'를 명분으로 우크라이나를 침공했다. 전쟁은 곧장 유럽 전역의 안보 위기로 확산되었다. 미국을 비롯한 서방 국가는 우크라이나에 대한 군사 및 재정적 지원을 약속하면서 긴장감은 최고 수준으로 올라갔다.

무력 충돌은 단기전으로 끝나지 않았다. 2025년 현재까지도 이어지고 있다. 전쟁 초기 국제사회는 러시아의 확장주의를 비판하면서도 자국의 실익을 따지는 외교 전략을 펼쳤다. 유럽은 러시아에 대한 에너지 의존 문제로 초기 대응을 조심스러워했고, 중국은 러시아와 전략적 관계를 유지하면서도 국제 여론을 의식해 노골적인 군사 지원을 자제했다. 그 외 많은 개발도상국은 서방의 러시아 제재에 따른 글로벌 공급망 차질을 우려했다.

이 시기, 도널드 트럼프 미국 대통령은 2기 집권에 성공하고 공적인 외교 무대에서 다시 존재감을 드러냈다. 특히 2025년 우크라이나와 러시아 사이의 협상 중재자로서 역할을 할 것으로 국제 사회는 기대했다. 이는 장기전에서 열세에 놓일 수밖에 없는 우크라이나의 강력한 요구이기도 했다. 하지만 트럼프는 한 인터뷰에서 그리고 자신의 트루스 소셜 계정에서 모호하면서도 일관되지 않은 입장만 반복해서 내놓았다. "미국이 개입할 수도 있고, 개입하지 않을 수도 있다." 트럼프는 행동 방향을 전면적으로 밝히지 않는 태도를 고수했다.

우크라이나는 "미국의 군사적 안전 보장 없이는 협상장에서 불리하다"(Without a military guarantee from the United States, we are at a disadvantage at the negotiating table)며 불안감을 드러냈고, 러시아 역시 "미국의 침묵은 새로운 개입 가능성을 열어두는 것"(America's silence leaves room for the possibility of renewed intervention)이라며 경계감을 표했다.

트럼프의 태도는 단순한 회피가 아니라, 분명한 전략적 계산에 따른 것이었다. 자신(미국)의 입장을 명확히 밝히지 않음으로써, 러시아와 우크라이나 양국 모두를 심리적으로 긴장시키고, 협상에서 주도권을 쥘 수 있는 공간을 확보하려고 한 것이었다.

파이낸셜 타임즈는 트럼프의 이러한 접근을 두고 "트럼프의 접근 방식은 거래 지향적이고 우위 확보를 추구하는 것으로 평가되며, 이는 전 세계에 불확실성을 초래했다"(Trump's approach, described as transactional and dominance-driven, has caused global uncertainty)라고 분석했다. 영국의 더 가디언지 역시 사설에서 도널드 트럼프의 예측 불가능한 리더십 스타일을 분석하며, "그것이 어떻게 전 세계 불안정성을 초래하는지"를 강조했다. 단순한 외교적 혼란이 아닌 정교한 협상 전략의 일환으로 분석했다.

당시 국제 외교 관계 전문가들 사이에서도 의견은 분분했다. 하지만 공통으로 지적한 것은 예측 불가능한 트럼프의 전략이 러시아와 우크라이나 모두에게 압박으로 작용했다는 것에 대한 인정이었다. 그 결과 미국이 주도권을 행사할 수 있는 심리적 공간이 마련되었으며, 실제 중재 단계에서 미국의 발언권은 이전보다 훨씬 강화되었다.

트럼프는 과거 외교 정책 연설에서(2016년 4월), 본인의 전략을 암시한 바 있다. "우리는 항상 예측할 수 없는 행동을 해야 한다."(We have to be unpredictable.) 그의 발언은 단지 외교 전략을 넘어, 모든 협상 상황에서 '예측 불가능성'이라는 전술이 얼마나 강력한 압박으로 작동할 수 있는지를 잘 보여준다.

트럼프의 모호한 발언이 나오자마자 국제사회는 혼란에 빠졌다. 미국의 입장이 불분명한 상황에서 유럽 주요 국가들은 NATO의 공동대응이 무력화될 가능성에 대해 우려를 표했다. 유럽연합(EU) 외교부는 "미국이 확고한 입장을 보이지 않으면 동맹국 전체가 전략적 공백을 경험할 수 있다"라고 밝혔다. 그만큼 미국의 행동 방향은 단순한 하나의 입장이 아니라, 서방 전체의 외교 지형을 결정짓는 핵심 변수였다.

러시아는 트럼프의 발언을 즉각 분석하며 경계 태세를 강화했다. 러시아 외무부는 "미국이 군사 개입을 완전히 배제하지 않았다는 점에서, 미국의 모호성은 위협 그 자체"라고 평가했다. 실제로 러시아 군은 벨라루스 국경과 흑해에서의 함대 일부를 재배치하며 미국의 개입 가능성에 대비한 작전 계획을 검토한 것으로 알려졌다. 이는 트럼프가 실질적인 군사 행동 없이도 상대국의 전략을 교란시키는 데 성공했음을 잘 보여주는 장면이다.

반면, 우크라이나는 더욱 복잡한 입장에 놓이게 되었다. 미국의 개입을 간절히 바라면서도, 명확한 지지가 보장되지 않은 상황에서 러시아와의 협상 테이블에 마주 앉는 것이 정치적 리스크로 작용했다. 한 외교부 고위 관계자는 "미국의 메시지가 명료했다면, 우리는 더 강한 태도로 협상에 임할 수 있었을 것"이라며 아쉬움을 토로하기도 했다. 그러나 또 다른 측면에서 보면, 미국의 불확실한 입장이 오히려 우크라이나로 하여금 자신들의 현실적인 조건을 고려하게 했다는 점도 부인할 수 없다.

아무튼, 시간이 흐르면서 트럼프는 자신의 입장을 전략적으로 조정해 나갔다. 처음에는 철저히 중립적인 발언만 반복하다가, 점차 일부의 인도적 지원과 기술적 자문을 우크라이나에 제공할 수 있다는 메시지를 흘렸다. 이는 협상에 임하는 양국 모두에게 중요한 시사점을 주었다. 미국이 전면에 나서지는 않더라도, 상징적 개입 가능성을 열어둠으로써 러시아는 우크라이나를 향한 무력 압박 수위를 조정할 수밖에 없었고, 우크라이나는 단독 협상에 나설 수 있는 심리적 기반을 마련할 수 있었다.

트럼프는 '전략적 모호성'(strategic ambiguity)을 단계적으로 관리하며, 정보의 비대칭성(정보의 양이나 질에서의 차이가 있어, 정보가 부족한 쪽이 협상에서 불리하다는 것을 말함)을 극대화했다. 결코 명확한 메시지를 주지 않으면서 국제 여론과 언론의 주목을 통해 자신이 외교 무대의 중심에 있다는 사실을 지속적으로 각인했다. 협상의 흐름을 외부에서 조정하면서도 내부 플레이어처럼 영향력을 행사한 것이다.

결국 러시아와 우크라이나는 수차례의 실무 접촉 끝에 미국을 간접적 중재자로 인정하고, 일시 휴전 합의를 도출했다(최근 러시아와 우크라이나 간 전쟁 상황은 미러 정상간의 회담 이후, 젤렌스키 우크라이나 대통령과 EU 회원국 대표들이 함께 트럼프를 만나며 휴전 논의를 하는 등 새로운 국면을 맞이하고 있다). 어떠한 공식 문서에도 미국의 이름이 명확히 언급된 적은 없지만 트럼프가 조성한 압박과 불확실성은 분명히 양측 모두를 협상 테이블로 끌어들이는 데 기여했다.

국제 정치학자 존 미어샤이머는 뉴요커지(2025년 3월)에서 이에 대해 다음과 같이 평가했다. "트럼프의 방법이 매우 세련되지 않을 수 있지만, 그는 올바른 방향으로 나아가고 있는 것으로 보이며 그가 성공하기를 바란다."(Although Trump's methods may not be the most polished, he appears to be heading in the right direction and I hope he succeeds.)

이 사례는 명확함만이 협상의 힘이 아님을 증명한다. 다음 수를 전혀 예측할 수 없는 전략적 모호함이 협상에서의 심리적 우위를 얻을 수 있음을 보여준다. 트럼프는 이러한 전술을 능란하게 활용하여, 실질적인 군사 개입 없이도 협상의 룰을

지배하는 데 성공했다.

기술 정리

1. 전략적 침묵 유지: 명확한 입장을 피함으로써 상대방으로 하여금 '최악의 시나리오'를 스스로 상상하게 한다.
2. 조건 없는 가능성 언급: 개입할 수도 있고, 아닐 수도 있다는 양면 메시지를 던져 상대방의 판단 능력을 흐리게 한다.
3. 정보의 비대칭성 조성: 나의 내부 의도를 최대한 숨기며, 상대방만이 정보를 탐색해야 하는 구조로 협상의 주도권을 확보한다.
4. 점진적 메시지 변화: 처음에는 침묵, 이후 단계적으로 입장을 밝히며, 협상 내내 우위의 흐름을 유지한다.
5. 여론과 언론의 활용: 오히려 언론의 '추측'을 통해 자신의 전략을 흐리게 만들고, 공공 영역에서 심리적 압박을 강화한다.

활용

트럼프는 종종 "내가 뭘 할지 모르게 만들어라"는 원칙에 따라 행동했다. 트럼프의 협상 기술은 고도로 계산된 것으로 단기적으로는 비판을 받을 수 있지만, 장기적으로는 협상 상대방의 심리적 균형을 무너뜨리는 데 효과적이었다. 트럼프는 실제로 행동하지 않으면서도 상대를 움직일 수 있는 '정보의 힘'을 잘 이해하고 있었다.

일상에서도 우리는 '확답하지 않음'과 '가능성만 열어두기'만으로 충분히 강한 협상 레버리지를 만들 수 있다.

1)전셋값 인상 협상

집주인이 "전세가를 조금 올려야 할 것 같습니다"라고 말했을 때, 세입자가 즉각 "그건 너무 부담됩니다" 혹은 "그건 안 됩니다"라고 반박하거나, 반대로 바로 "네, 알겠습니다"라고 수용해버리면 협상의 여지는 줄어든다. 대신 이렇게 말해보자. **"네, 다른 지역 몇 군데를 같이 보고 있습니다."** 이 말은 내가 '떠날 수도 있는 세입자'라는 신호를 조용히 보내는 것이다.

집주인은 곧바로 공실 가능성, 재계약 지연, 새 세입자 모집의 수고와 리스크 등을 계산한다. 특히 전세 시장이 예전만큼 활발하지 않거나, 집이 낡은 편이라 경쟁력이 떨어질 경우, 이 불확실성은 협상에서 강력한 압력으로 작용한다.

확답을 주지 않고 가능성만 암시하는 태도는 상대에게 "예상치 못한 리스크가 발생할 수 있다"는 메시지를 주는 것이 되며, 협상 구도의 균형을 다시 맞추는 힘을 갖게 한다.

2) 계약 유도 상황

헬스장, 미용실, 학원 등에서 "지금 등록하시면 한 달 더 드려요", "오늘 안에 결제하시면 할인 적용 가능합니다" 같은 말로 장기 등록을 권유받을 때, 소비자가 "조건이 괜찮네요"라며 긍정적으로 반응하면, 판매자는 그 지점에서 더 이상의 혜택을 제시할 유인을 잃는다. 대신 이렇게 말해보자.

"일단 한 번만 체험해보고 판단할게요." 이 한 마디는 소비자로서의 선택권과 평가권을 전적으로 내 손에 쥐는 표현이 된다. **"좋은 제안이긴 한데, 사실 몇 군데 더 비교해보려고요. 일단 오늘은 체험만 해볼게요. 체험하는 건 가능하죠?"** 그 순간부터 직원은 나를 '확정 고객'이 아닌, 놓치면 안 되는 유동 고객'으로 바라보게 된다.

이처럼 판단을 보류하면, 상대는 더 나은 할인 조건, 사은품 제공, 프리미엄 서비스 등을 제안하며 선택을 유도할 가능성이 높아진다. '아직 결정하지 않았다'는 메시지 자체가 상대의 제안 수준을 끌어올리는 신호로 작용하는 것이다.

반격

트럼프는 중요한 순간에 명확하게 말을 하지 않았다. "그럴 수도 있지", "가능성은 열려 있다", "결정은 아직 안 했다" 이런 말로 상대의 마음을 불안하게 했다. 바로 전략적 모호성이다.

사람은 다음(미래)을 알 수 없을 때 불안해진다. 상대가 불안을 이용하게 되면, 우리는 조급해지고 불리한 조건에도 서둘러 결정을 내리려 한다. 트럼프는 이 전략으로 상대방에게 부담을 주고, 자신에게는 선택의 여지를 남겨두었다. 하지만 이런 모호한 태도에 무조건 흔들릴 필요는 없다.

다음은 '을'의 입장에서 '갑'의 전략적 모호성에 맞서는 네 가지 방법이다.

1) "어느 쪽이든 괜찮습니다"라는 유연한 태도를 보인다

모호함의 힘은 상대가 '답'을 원할 때 더 강해진다. 상대는 내가 불안감에 휩싸여 빨리 결정을 내리길 바란다. 그럴수록

"저는 어느 쪽이라도 준비돼 있습니다"라고 말해야 한다. 이 말은 불안감을 줄이고 상대가 가진 모호함의 무기를 무력화시킨다.

상사가 "이번 프로젝트, 네가 맡을 수도 있고 아닐 수도 있어"라고 말하면, **"상관없습니다. 무엇을 하든 성실히 하겠습니다."** 라고 대응한다면, '프로젝트'를 빌미로 다른 조건을 걸기가 어렵다. 통상 직장에서 을(후임자 혹은 직원)의 위치라면 시키는 대로 하는 것이 정답일 수도 있지만, 무엇이든 하겠다는 자신감은 상사에게 신뢰감을 주는 역공(?)일 수 있다.

2) 모호한 말 속에서도 '핵심 쟁점'을 분리해낸다

상대가 애매하게 말할 때, 무엇이 진짜 중요한 것인지 헷갈릴 수 있다. 이럴 때일수록, 그 안에 있는 '핵심'을 정확히 파악해야 한다. "그건 나중에 이야기하자"(전략적 모호성)라는 말 뒤에는 사실상 중요한 결정이 숨어 있는 경우가 많다. 이때는 **"결정이 미뤄지면 어떤 영향을 주는지요?"** 라고 질문할 필요가 있다. 모호함 속에서 명확함을 뽑아내는 질문은 상대를 정면으로 자극하지 않으면서도, 협상의 방향을 분명하게 잡아준다.

3) "기록에 남기겠습니다"라고 말해 모호함을 고정한다

상대가 말을 흐릴 때(예측 불가한 말을 할 때), 그냥 두게 되면 계속해서 입장(말)이 바뀔 수 있다. 이럴 때는 **"그 말씀, 메모 해두겠습니다"** 혹은 **"이 내용은 문자나 메일로 남겨두겠습니다"**라고 말한다. 기록은 모호함을 막는 장치다. 상대가 무심코 흘린 말도 문서나 메시지로 남기면 무게가 달라진다.

트럼프가 "우리는 열려 있다"라고 말할 때, 그 말을 받아 적는 기자가 있기 때문에 의미가 생긴다. 기록은 가장 강력한 방패 역할을 한다.

4) 명확한 '데드라인'을 스스로 정한다

모호한 말은 '언제까지'가 없기 때문에 힘을 발휘한다. 따라서 내가 먼저 기한을 설정하면, 상대의 모호함은 그 안에서 움직일 수밖에 없다.

"며칠 안에 결정하겠다"는 말을 듣는다면, **"이번 주 금요일까지는 답변 부탁드립니다"**라고 정중히 요청한다. 이 말은 협박이 아니라 나의 계획을 지키기 위한 최소한의 요구다. 데드라인을 제시하는 순간, 상대는 '무한정 유보'할 수 없게 된다. 그리고 나는 더 이상 상대에게 끌려다니지 않는다.

반격 정리

1. 애매하고 확실치 않은 말 ⇨ "어느 쪽이든 괜찮습니다"라고 유연하게 응대한다.
2. 정보가 숨겨진 모호함 ⇨ 그 안에 있는 '핵심'을 정확히 파악한다.
3. 책임 회피를 위한 모호함 ⇨ "이 내용은 메모해두겠습니다"로 기록화한다.
4. 기한 없이 미루는 전략 ⇨ "○○일까지 결정 부탁드립니다"로 내가 먼저 데드라인을 제시한다.

결론

예측 불가능성은 협상에서 상대의 방어를 해제시키는 가장 은밀한 무기다. 트럼프는 '모호함'과 '침묵'을 단순한 우유부단이나 회피로 쓰지 않았다. 능동적인 전략 자산으로 활용했다. 다음 수를 감춘 채 게임판을 흔들며, 상대가 스스로 실수하도록 만들었다.

'불확실성'은 협상의 허점이 아니라, 오히려 주도권을 쥐기 위한 수단이다. 내가 침묵하는 동안, 상대는 다양한 가능성을 상상하며 불안해한다. 예측할 수 없는 상대는 단순히 낯선 존재가 아니라, 가장 경계해야 할 협상 상대가 된다. 모호함 속에서 흐름은 조용히 전환되고, 주도권은 자연스럽게 이동한다.

반대로 상대가 '모호함'을 무기로 삼을 때는 그대로 받아들이지 않는 태도로 대응해야 한다. 질문하고, 기록하고, 기한을 설정하는 실천만으로도 상대는 힘을 잃는다. 협상에서 중요한 것은 결국, 상대의 말 자체가 아니라 그 말에 휘둘리지 않는 나의 중심이다.

기술 3: 힘의 과시

* 사례: 2019년 미국-멕시코 관세 협상과 이민 정책 조건부 연계
* 적용: 힘을 가진 사람의 존재감 드러내기

1)단호한 어조로 가능한 조건을 명확히 전달한다.
2)조건을 바꾸지 않으면 행동으로 옮기겠다는 시그널을 여러 번 반복해서 말한다.
3)서로 "좋은 합의가 이루어졌다"는 마무리는 다음 협상을 위한 투자다.

사례

2019년 5월 30일(트럼프 1기 집권 시절) 트럼프 대통령은 예고 없는 폭탄 발언을 한다.

"멕시코가 불법 이민자 유입을 막지 않으면, 6월 10일부터 모든 멕시코산 수입품에 대해 5% 관세를 부과하겠다. 이후 매달 5%씩 인상하여 최대 25%까지 올릴 것이다."라는 발언이었다.

경제 이슈를 넘어 외교·안보·무역 등 전방위적으로 충격을 안기는 선언이었다. 트럼프의 성명은 백악관 웹사이트를 통해 공식 발표되었고, 미국 주요 언론과 세계 경제는 즉시 반응했다.

뉴욕타임스는 이를 두고 "트럼프가 무역 정책을 이민 통제 수단으로 처음 연계한 순간"(The first time a trade weapon was linked so directly to immigration policy.)이라 분석했고, CNN은 행정부 내부에서도 사전 논의가 부족했던 독단적 결정으로 보인다고 보도했다.

아시다시피 멕시코는 미국의 제1 수출국이며 자동차 부품, 전자제품, 농산물 등으로 밀접하게 연결된 국가로, 트럼프가 발표한 관세 조치는 미국 경제에도 상당한 부담이 되는 사항이었다. 즉 의회나 기업의 반발도 충분히 예상 가능한 상황이었다. 그럼에도 트럼프는 '실행 가능한 위협'을 선택했다. 왜 그랬을까?

이 시기 미국 국경을 넘어오는 불법 이민자는 하루 평균 4,500명을 초과하고 있었다. 트럼프는 이를 '국가 비상사태'로 규정했다. 이민자의 유입은 트럼프의 핵심 지지층인 보수 유권자들에게 민감한 이슈다. 트럼프는 내부 정치적 지지 기반 강화를 위한 수단으로 이 사안을 전략화했다.

당시 멕시코 외교장관 마르셀로 에브라드는 트럼프의 발언을 두고 "명백한 압박 외교"라고 규정하며 강하게 반발했다. 그러면서 동시에 "우리는 사태를 악화시키지 않고 대화를 시도할 것"이라는 입장도 밝혔다. 협상을 하자는 신호였다.

이후 양국의 외교 채널은 급속도로 가열됐다. 멕시코는 대사관과 외교부, 상공회의소를 총동원해 긴급 대응에 나섰고, 트럼프는 여러 차례 트위터와 인터뷰를 통해 관세 발동을 거듭 강조했다. 그리고는 협상 시한을 '10일'로 못 박으며, 전례 없이 짧고 강력한 압박 협상 국면을 개시했다.

"멕시코가 말이 아니라 행동으로 보여주기 전까지, 우리는 멈추지 않을 것이다."(We are not stopping until Mexico shows action, not just words. – Twitter, June 2, 2019)

6월 3일, 멕시코 외무장관을 수장으로 한 고위급 협상단이 워싱턴DC에 도착했다. 첫 날 회의는 결렬됐다. 트럼프는 백악관 앞에서 기자들에게 "멕시코는 아직 진지하지 않다"며 "관세는 예정대로 간다"고 못을 박았다. 그러자 멕시코는 그 다음 날 태도를 바꿨다.

이튿날부터 실질적 양보 조치들이 테이블에 올라오기 시작했다. 국가경비대 6,000명을 남부 국경선에 배치하겠다는 약속, 미국으로 향하는 망명 신청자들을 멕시코 내에 임시 수용하겠다는 'Remain in Mexico' 정책의 수용, 중미 국가들과 이민자 송환 협력 강화를 위한 양자 외교 개시 등을 약속했다.

하지만 미국은 여전히 "불충분하다"는 입장을 견지하며 시한을 앞세워 계속해서 압박했다. 백악관 내부에서도 스티븐 밀러, 마이크 펜스 부통령 등이 강경 입장을 유지하며 "행동 없는 말은 더 이상 들을 수 없다"를 반복했다.

상황은 급박하게 돌아가고 있었지만, 트럼프는 협상 과정 내내 한 가지 루트를 열어 두고 있었다. "멕시코가 이틀 안에 더 강한 안을 제시하면, 나는 기꺼이 협상을 재검토할 것이다." 이 발언은 멕시코가 더욱 확실한 안보 조치를 추가 제안하도록 유도하는 말이었다.

마침내 6월 7일, 양측은 서면 합의문 없이 비공식 '양해각서 수준의 약속'을 도출했다. 트럼프는 이를 정치적·전략적 완승으로 포장하며, SNS(2019년 6월 7일, 트위터)에 다음과 같은 성명을 남겼다.

"미국은 멕시코와 합의에 도달했습니다. 이를 기쁘게 알립니다. 월요일부터 멕시코에 부과될 예정이던 관세는 무기한 보류됩니다."(I am pleased to inform you that the United States has reached a signed agreement with Mexico. The tariffs scheduled to be implemented by the U.S. on Monday, against Mexico, are hereby indefinitely suspended.)

관세 부과는 철회되었지만, 협상 과정에서 멕시코의 행동을 이끌어냈고, 지지층으로부터는 '결단력 있는 대통령'이라는 강한 인상을 남겼다. 그리고 멕시코 입장에서도 정식 합의가 아닌 '조건부 약속' 형태로 국면을 종료함으로써 체면을 세울 수 있었다.

협상은 전례 없는 '경제적 강압 외교'의 성공 사례로 기록되었다. 이후 트럼프는 이 전략을 다른 나라와의 협상에서도 반복적으로 사용했다. 결국, 트럼프가 제기한 관세 위협은 단기적인 '협박'이 아니라, 멕시코의 실질적인 조치를 유도한 '실행 가능한 리스크'였다.

이게 안 되면, 이렇게 하겠다는 '힘의 과시'는 단순한 위협이 아닌, 실제 행동 가능성을 전제한 압박 전술이었다. 트럼프는 이를 통해 상대방에게 실질적인 리스크를 체감시키며, 협상장에서 유리한 입지를 선점했다. 트럼프는 강경하지만 계산된 압박으로 군사적·경제적 수단을 협상 레버리지로 활용하는 정교한 협상가의 모습을 보여주었다.

기술 정리

1. 구체적인 압박 조치 명시: 실제 가능한 조치를 구체적으로 언급해 심리적 압박을 유도한다.
2. 실행 의지의 반복 강조: "실행하겠다", "기다리지 않겠다"는 메시지를 지속적으로 전달해 허세가 아님을 각인한다.
3. 시간 압박 설정: "며칠 내에 실행"이라는 시한을 부여해 상대방의 빠른 결단을 유도한다.
4. 실행 직전의 조율 여지 제공: 마지막 순간 협상 가능성을 열어 두고 '양보하면 관세 피할 수 있다'는 메시지로 반응을 유도한다.

5. 압박 후 보상 제공: 관세 철회 등 성과에 대한 보상으로 협상 종료 후 '윈윈' 프레임을 만들어 상대방 체면도 세워준다.

활용

협상에서 가장 불리한 사람은 딱 한 가지 길밖에 없는 사람이다. 선택지가 없으면 어떤 조건이든 받아들일 수밖에 없다. 반대로 선택지가 많으면 특정 협상에 목숨을 걸 필요가 없다. '이게 안 되면 다른 걸 택하지 뭐'라는 여유가 생긴다. 이것이 곧 힘이다. 이는 협상 상대에게 '잃을 수도 있다'(이 사람을 놓치면 나만 손해)는 심리적 부담을 안겨주며, 나의 조건에 힘을 실어준다.

트럼프는 언제나 '내가 더 많은 선택지를 갖고 있다'는 인상을 주는 데 집중한다. 이때의 힘은 위협이나 고압적인 언사가 아니라, 조용히 내 손안에 다른 길이 있다는 사실을 보여주는 것이다.

아래는 일상 속에서 이런 힘의 과시를 적용할 수 있는 대표적인 장면이다.

1) 입사 제안

입사 제안을 받았을 때, 상대가 제시한 연봉이나 직무, 근무 조건이 다소 아쉬울 수 있다. 그럴 때 단번에 "감사합니다. 수락하겠습니다."라고 하면 협상의 여지가 사라진다. 이럴 땐 다음과 같이 이야기해보자. **"사실 요즘 다른 회사에서도 콘텐츠 전략 쪽으로 프로젝트 제안을 몇 개 받고 있어서요. 어떻게 선택해야 할지 고민 중입니다."**

이 말 한마디만으로도 나는 '누구나 데려가고 싶은 인재'가 된다. 특히 면접 막바지나 처우 협상 단계에서 이런 메시지를 건네면, 인사 담당자나 팀장은 나를 잃지 않기 위해 기존 조건을 한 번 더 검토하거나, "혹시 어떤 조건이 고민이신가요?"라며 조정의 문을 열게 된다.

중요한 건 비교 대상이 진짜든, 가능성의 수준이든 '다른 선택지가 있다는 인상'만으로도 협상의 주도권을 내 쪽으로 가져올 수 있다는 것이다. 이때 억지 주장이 아닌, 부드럽고 사려 깊은 말투로 전달하는 것이 핵심이다.

2) 프리랜서 계약 및 외주 단가 협상

클라이언트가 "이번 프로젝트 예산이 좀 빠듯해서요"라며 단가 인하를 요구하거나, 처음 약속과는 다른 일정/내용을 추가해오면, 프리랜서 입장에서는 거절하기가 어렵다. 하지만 다음처럼 대응해보면 어떨까?

"최근에 비슷한 규모의 브랜디드 영상 제작 제안을 두 군데서 받고 있어서요. 그래서 이번 일정이나 단가 부분은 한 번쯤 조정 논의가 필요할 것 같습니다." 이 말은 공격적이지 않으면서도, 지금 '일이 없어서 아무 조건이나 수용할 사람'은 아니라는 인상을 준다. 특히 '두 군데서 받고 있다'는 구체적인 표현은 신뢰감을 높이고, 클라이언트에게는 '이 사람을 붙잡지 않으면 안 된다'는 부담을 남긴다. 이런 태도는 단가뿐만이 아니라 일정 조율, 수정 범위 제한, 계약서 조항 등 협상 전반에서 나의 입지를 단단하게 만들어 준다.

중요한 건 목소리를 높이거나 "그건 안 됩니다"라고 말하는 대신, 조용히 '다른 기회가 있다'는 가능성의 암시다. 이것만으로도 협상력은 달라질 수 있다.

반격

트럼프는 협상에서 허세를 부리지 않는다. "그럴 수도 있다"고 말하지 않고 "나는 지금 당장 이렇게 하겠다"라고 바로 말한다. 2019년 멕시코와의 협상에서도 그는 "5% 관세를 곧바로 부과하겠다"고 선언했다. 단순한 위협이 아니라, 실제로 일어날 수도 있는 '실행 가능한 위협(힘)'이었다.

이런 위협은 매우 강력하다. 듣는 사람 입장에서는 "진짜 저 사람이 이걸 할 수도 있다"고 느낀다. 그래서 상대는 겁을 먹고 양보를 선택한다.

그렇다면, 을의 입장에서 이런 '실행 가능한 위협'을 어떻게 이겨낼 수 있을까? 방법은 있다. 다음의 네 가지 전략을 기억하면 된다.

1)감정적으로 반응하지 않는다

위협은 두려움을 먹고 자란다. 상대가 위협을 줄 때 가장 먼저 해야 할 일은 내 감정을 다스리는 것이다. 두려움이나 화가 치밀어도 바로 반응하면 안 된다. 그 순간, 상대는 "내 위협이 통했구나"라고 느낀다. "이 조건 안 받으면 우리 거래 끝입니다"라는 말을 들었을 때 "네? 진짜 그렇게 하시겠다고요?"라며 놀라거나 흥분하면 안 된다. 오히려 담담하게 **"그럴 수도 있겠네요. 다만 저는 이렇게 생각합니다."**라고 말해야 한다. 무덤덤한 대응은 상대의 위협을 무기력하게 만든다.

2) 실행 가능한 '대안'을 준비한다

힘이 있다는 것을 보여주는 것이다. 상대가 강한 위협을 하는 이유는 내게 다른 선택지가 없을 것이라 생각하기 때문이다. 그렇다면, 나도 선택지가 있다는 것을 보여주면 된다.

"이 가격 아니면 계약 못 합니다"라고 상대방이 압박해 들어온다면, **"B사와도 협의 중입니다"**라고 말하면 된다. 이 한마디가 상대의 위협을 되돌려주는 효과를 만든다. '하나뿐인 옵션'처럼 보이는 상황에서도 두세 개의 선택지를 마련해두면 상대방은 쉽게 나를 위협하지 못한다.

3) 위협의 근거를 물어본다

말의 무게를 시험해보는 것이다. 상대가 "다음 주까지 이 조건에 응하지 않으면 법적 대응을 하겠다"라고 말한다면, 바로 겁먹지 말고 이렇게 물어본다.

"혹시 어떤 조치를 말씀하시는 건가요?", "해당 조치가 실제로 가능한지 확인해봐도 될까요?" 이런 질문은 상대가 자신의 말을 검토하게끔 하는 효과가 있다. 그리고 나에게 생각할 시간을 벌어준다. 만약 상대가 허세로 말한 것이라면 이 질문 앞에서 흔들릴 것이 분명하다.

4) 위협 뒤의 진짜 목적을 읽는다

겉이 아닌 속을 본다. 트럼프는 종종 겁을 주기 위해 극단적인 행동을 예고했다. 하지만 그 속에는 "빨리 내가 원하는 조건을 받아들여라"는 목적이 숨어 있다. 사실 트럼프가 진짜 하고 싶은 말은 '협상하자'였다.

마찬가지로, 상대가 위협을 할 때는 그 말 뒤에 숨겨진 목적을 파악해야 한다. 정말 거래를 끊고 싶은 것인지, 아니면 자신이 원하는 조건을 더 빠르게 끌어내고 싶은 것인지. **'왜 지금 이 말을 하는 걸까?'** 를 생각해보는 것이 핵심이다. 목적을 알게 되면, 대응도 더 정확해진다.

반격 정리

1. "지금 당장 관세 부과한다" 식의 실현 가능한 위협 ⇨ "그럴 수도 있겠네요. 다만 저는 이렇게 생각합니다"처럼 최대한 침착하게 반응한다.
2. 선택권을 앗아가는 협상 압박 ⇨ "B사와도 협의 중입니다"라고 나도 다른 선택지(대안 시나리오)가 있음을 알린다.
3. 강한 말로 압도(위협)하는 전술 ⇨ "그 조치가 어떤 내용인지요?" 실제로 가능한 것인지 근거를 묻는다.
4. 거래를 끊겠다는 협박 ⇨ '왜 지금 이 말을 꺼낸 걸까?' 진짜 목적이 뭔지 되짚어 본다.

결론

트럼프식 협상에서 힘의 과시는 언성을 높이는 압박의 기술이 아니다. "나 아니면 안 된다"는 말을 직접 하지 않아도, 상대가 그렇게 느끼도록 하는 기술이다.

'힘'이란 위협이 아니라, 실행 가능성과 믿음을 기반으로 하는 신호 체계와 같다. 내가 실제로 행동할 준비가 되어 있다는 것을 상대가 믿는 순간 힘은 생기고, 협상은 절반 이상 성공한 것이나 다름없다.

반대로, 을의 입장에서는 갑이 말하는 실행 가능한 위협, "이렇게 안 할 거면, 이렇게 한다"는 말은 무섭다. 하지만 허세이며 말뿐일 수도 있다. 이를 이기기 위해서는 침착한 대응, 준비된 대안, 그리고 진심을 읽는 통찰이 필요하다. 생각과 태도에서 나오는 전략은 언제나 더 오래 살아남는다.

기술 4: 깨뜨릴 준비

* 사례: 2017년 미국의 NAFTA 탈퇴 선언, 2018~2019년 미중 무역 협상
* 적용: 절박하지 않은 태도가 협상의 판을 바꾼다

1) "이 거래가 꼭 필요한 것은 아니다"라는 협상 자체에 집착하지 않는다는 태도는 최고의 심리적 무기다.
2) "이 조건이면 굳이 협상할 필요 없다"는 결렬 가능성을 전략적으로 관리하는 말이다.
3) 거래가 없을 자유가 협상의 진짜 힘이다. 떠날 수 있다는 것을 보여줘야, 상대는 나를 잡으려 한다.

사례

도널드 트럼프는 "나쁜 거래를 하느니, 차라리 아무것도 하지 않는 편이 낫다"는 철학을 가진 협상가다. 그는 합의 자체를 목적으로 삼지 않음으로써, 상대방에게 절박함을 전가하며 협상을 주도했다. 이러한 철학은 특히 미국의 양대 외교·무역 전략 전장에서 뚜렷하게 나타났다. 여기서 양대란 NAFTA(북미자유무역협정) 재협상과 미중 무역전쟁이다.

트럼프는 대통령이 되기 전인 후보 시절부터 NAFTA를 두고 "미국 노동자를 죽인 협정", "미국 제조업의 공동묘지"라고 표현하며 강한 반감을 드러냈다. 대통령 취임 직후 NAFTA 폐기 검토를 지시했고, 2017년 8월에는 멕시코와 캐나다에 재협상 개시를 통보했다. 여기서 주목할 점은 트럼프가 단지 조건 조정을 요구한 것이 아니라 협정 자체를 폐기할 수 있다는 가능성을 공식화했다는 점이다.

실제로 "우리는 NAFTA를 재협상 중이다. 하지만 만족스럽지 않으면, 나는 언제든지 협정에서 탈퇴할 것이다."(I will terminate the deal if I don't get what I want. - Wall Street Jounal, October 14th, 2018)라고 거듭 강조하며, 거래에 대한 집착이 없

다는 메시지를 대내외에 분명히 했다.

트럼프의 이런 태도는 협상 상대국인 멕시코와 캐나다에 극심한 압박으로 작용했다. NAFTA는 연간 무역 규모가 1조 달러가 넘는 대형 협정이기 때문에, 미국의 일방적인 철수는 북미 전체의 경제 질서에 치명타를 입힐 수 있는 사안이었다.

첫 회의는 2017년 8월 워싱턴 D.C.에서 열렸다. 미국은 자동차 산업의 원산지 기준 강화, 노동 기준의 상향 조정, 지적재산권 보호 강화 등 광범위한 요구사항을 제시했다. 특히 트럼프는 "협상에서 내가 만족하지 않으면, 우리는 협정을 종료하겠다"는 발언을 반복적으로 했다.

이 같은 고압적인 태도는 당시 캐나다 총리 저스틴 트뤼도와 멕시코 대통령 엔리케 페냐 니에토에게 "미국이 협상 테이블 자체를 걷어차는 게 아니냐"라는 불안감을 심어주기에 충분했다.

해가 바뀌고 2018년, 그해 중반 즈음, 실제로 NAFTA 탈퇴를 위한 법적 검토에 들어갔다는 소식이 전해졌다. 이는 협상에 더욱 강한 긴장감을 조성했다. 결국 멕시코는 자동차 생산 라인에서의 미국산 부품 사용 비율을 높이고 자국 내 최저임금 인상을 받아들였고, 캐나다는 미국과의 1:1 협상 가능성까지도 얘기하면서 유제품 시장 개방과 문화콘텐츠 보호 조항에 대한 일부 양보를 수용했다. 그리고 그해 11월 새로운 협정인 USMCA(United States-Mexico-Canada Agreement)가 체결되면서 협상은 종결됐다.

한편 중국과의 협상에서는 더욱 치열한 '거래 철회(?) 시나리오'가 전개됐다. 트럼프는 중국을 두고 "수십 년간 미국을 속여왔다. 이제는 끝내야 한다."라고 주장했다. 이어서 미국 무역 대표부(USTR)를 통해 중국산 수입품에 대한 고율 관세 조치를 지시했다. 보복 차원의 응징이 아니라, 협상 중 언제든 수가 틀리면 판을 뒤엎을 수 있다는 입장이었다.

2018년부터 2019년까지 양국은 총 13차례 고위급 협상을 진행했다. 그리고 일부 조항을 두고서는 계속된 충돌을 했다. 특히 지식재산권 침해, 강제 기술 이전, 보조금 투명성 등에서 미국의 요구는 매우 구체적이고 강경했다.

가장 극적인 순간은 2019년 5월이었다. 고위급 무역 협상이 거의 마무리되어가던 시점, 중국이 막판에 일부 핵심 조항에 대해 이견을 보이자 트럼프는 이미 초안까지 도출된 합의를 전면 파기하고 곧바로 수천억 달러 규모의 중국산 수입품에 대한 관세 인상을 선언해 버렸다. 명백히 "협상을 위한 협상은 없다"는 메시지였고, 미국의 협상력이 허상이 아님을 과시하는 행위였다.

중국에게는 큰 충격이었다. 결국 자국 기업에 대한 지원책 확대와 미국산 농산물 구매 확대를 제시하며 협상 재개를 다시 요청했고, 결국 2020년 1월, 1단계 미중 무역합의가 체결되었다. 합의에는 트럼프가 강조했던 농산물 구매, 환율 투명성, 기술 이전 금지 등의 핵심 요구가 포함되었다.

트럼프는 협상이 진행되는 도중 '결렬'이라는 옵션을 계속해서 테이블 위에 올려놓았다. 이는 상대방에게 "협상을 성사시켜야 할 이유가 있는 쪽은 우리"라는 심리적 압박을 주기에 충분했다. 결과적으로 트럼프는 거래를 깨뜨릴 준비를 실제로 행동에 옮김으로써, 그 어떤 말보다 강력한 협상 메시지를 전달하는 데 성공했다.

기술 정리

1. 협상에 대한 비집착 태도: "합의가 되지 않으면, 우리는 거래하지 않는다"는 자세를 견지함으로써 상대를 더 절실하게 만든다.
2. 철회 가능성의 실질적 신호: 실제 '종료 절차'를 암시하며 긴장감을 조성한다.

3. 독립적인 대안의 언급: "협상하지 않아도 괜찮다"는 메시지를 통해 협상 자체가 필수적이지 않음을 각인한다.
4. 협상 실패를 전략화: 협상 결렬 자체를 위협이 아니라 하나의 결과로 설정함으로써 상대의 양보를 이끌어낸다.
5. 심리적 절박성의 이관: "거래가 없으면 우리는 문제 없다. 그러나 너희는?"라는 메시지를 통해 절박성을 상대에게 넘긴다.

활용

트럼프는 종종 "진짜 거래는 깰 수 있을 때 비로소 시작된다"라고 말했다. 협상에서 가장 강력한 힘은 '떠날 준비가 되어 있다'는 태도다. '나는 이 협상에 목숨을 걸지 않는다, 마음에 안 들면 언제든 떠날 수 있다'는 절박하지 않은 태도는 결국 힘을 만든다.

'이 협상에 내가 전부를 걸고 있지 않다'는 시그널을 상대에게 명확히 보내는 전략, 일상 속에서도 우리는 이를 적용하여 협상의 주도권을 내 것으로 만들 수 있다.

1)팀 프로젝트의 불공평한 역할 배분

회사나 학교에서 진행되는 팀 프로젝트에서, 매번 기획서 작성, 발표 자료 정리, 최종 발표까지 도맡게 되는 상황이 반복된다고 해보자. 처음에는 '책임감 있는 사람'으로 보일 수 있지만, 시간이 지날수록 팀 내 다른 구성원들은 이를 당연한 것으로 여기게 된다. 역할 분담의 균형이 무너지는 것이다.

이때는 조용히 불만을 품는 것보다, 다음과 같이 말해야 한다. **"이번에는 역할에 대해 사전 정리가 필요할 것 같습니다", "계속해서 중요한 실무나 정리 작업이 저한테만 몰리는 상황이라면, 이번에는 빠지는 것을 고민해보겠습니다"**.

이 말은 감정적인 퇴장이 아니라, 나는 '당연히 시키면 하는 사람'이 아니라는 시그널을 주는 선언이다. 특히 업무 배분이 명확하지 않은 초기 기획 단계나 과도한 역할 요구가 반복되는 시점에서 이 발언은 유효하다.

그리고 상사에게 직접 말하기보다는 조율 가능한 동료와 먼저 공유하는 것이 내 뜻을 관철하기에 더 낫다.

2)전문성을 가진 외주자의 의견을 무시하는 클라이언트

디자이너, 영상 제작자, 카피라이터 등 전문 분야 프리랜서로 일하다 보면, 비전문가인 클라이언트가 중요한 방향이나 디테일을 일방적으로 지시하는 경우가 생긴다. 문제는 그 지시에 따라 진행했다가 향후 문제가 생기면 모든 책임은 외주자에게 돌아온다는 점이다. 이런 상황에서는 단호하지만 감정적이지 않은 어조로 이렇게 말해보자.

"사전에 상의 된 방향과 다른 결정이 반복되는데, 그에 따른 결과 책임은 제가 져야 합니다. 이런 방식이 계속해서 지속되면, 앞으로 프로젝트 진행은 좀 더 신중하게 판단해야 할 것 같습니다." 이 말은 '이건 못하겠다'는 반항이 아니라, 프로페셔널로서 책임질 수 있는 조건에서만 일하겠다는 입장 표명이다.

이때 중요한 건 톤이다. 감정적으로 들리지 않도록, 조용하고 차분한 어조로 전달하되 말의 메시지는 분명히 하도록 해야 한다. 실제로 이 말을 들은 클라이언트는 '이 사람이 그냥 아무 말 없이 시키는 대로만 하는 외주자가 아니구나'라는 것을 인식하게 되고, 작업 방식이나 요구에 대해 좀 더 신중해지고, 제안에도 귀를 기울일 가능성이 높아진다.

'나는 언제든 이 일을 멈출 수 있다'는 여유 있는 태도는 결국 협상의 구조를 수직 관계에서 수평 관계로 바꿔내는 핵심

열쇠 역할을 한다.

반격

"이 조건이 아니면 우리는 거래하지 않겠다." 상대가 이런 식으로 나온다면 나는 어떻게 해야 할까? 거래가 꼭 필요한 입장에 있는 나는 마음이 조급해진다. 그러다 결국 양보를 하게 된다.

그러나 '을'의 입장에서도 대응 전략은 있다. 상대가 "거래 안 해도 된다"라고 말하며 판을 깰려고 할 때, 다음의 네 가지 방법을 써보자. 협상력을 계속 유지할 수 있다.

1) 나도 거래를 서두르지 않는다

조급해 보이지 않는 것이 힘이다. 상대가 "이 조건 아니면 안 한다"고 말할 때, 당황해서 "그럼 어떻게 해야 하죠?"라고 묻는 순간, 약한 위치에 서게 된다. 이럴 때는 마음을 가라앉히고, **"좋습니다. 저도 다시 생각해보겠습니다."** 라고 말하면 된다.

조급해 보이지 않으면, 상대도 섣불리 밀어붙이지 못한다. 여유 있는 태도는 "내가 급하지 않다"는 강한 메시지가 된다.

2) 협상의 필요성을 '상대'에게 되묻는다

상대가 거래를 깨려는 태도를 보인다면 **"정말 이 거래가 전혀 중요하지 않습니까?"** 라고 되묻는다. 이 거래가 필요하다는 사실을 자각하게끔 하는 질문이다. 이렇게 물음으로써 협상의 흐름을 바꾸는 힘을 갖게 된다. 그러면 을은 더 이상 약자가 아닌 게 된다.

3) 나만의 대안을 보여준다

나 역시 "이 거래가 전부는 아니다"라는 메시지를 주어야 한다. 트럼프의 경우, 항상 다른 선택지를 준비했다. 을의 입장에서도 마찬가지다.

"당신과의 거래가 최선이지만, 유일한 선택은 아니다" 라고 말해야 한다. 다른 거래처와도 이야기 중이라는 말을 덧붙이는 것만으로도 상대의 독점적 위치는 흔들린다. 선택지가 있다는 사실만 보여줘도 협상은 훨씬 유리해진다.

4) 거래가 깨져도 손해가 없다는 점을 강조한다

절박한 쪽은 내가 아니라는 메시지를 주어야 한다. 을의 가장 강한 대응은 **"이 거래가 안 돼도, 우리에게 큰 문제는 없다"**는 태도다.

트럼프는 "우리는 괜찮다. 하지만 너희는?"이라는 질문을 자주 했다. 오히려 내가 되묻는 방식으로 절박함을 상대에게 넘기는 것이다.

반격 정리

1. "이 조건 아니면 거래를 안 한다"는 비집착 전략 ⇨ "좋습니다. 저도 다시 생각해보겠습니다." 나 역시 급하지 않다는 태도를 유지한다.
2. 협상 철회 시사 ⇨ "정말 필요 없습니까?" 거래가 필요하다는 사실을 자각하게끔 되묻는 질문을 한다.
3. 다른 대안 강조 ⇨ "당신과의 거래가 최선이지만, 유일한 선택은 아니다" 나도 대안이 있다는 메시지를 전한다.
4. 절박함을 상대에게 넘김 ⇨ "이 거래가 안 돼도, 우리에게 큰 문제는 없다"는 태도를 보여준다.

결론

'거래를 깨뜨릴 준비'란, 협상에서 겁을 주는 전술이 아니라, 스스로 의존도를 낮추는 대화 설계다.

트럼프 같은 협상가는 항상 "내가 꼭 이 거래를 해야 하는 건 아니다"라는 태도로 심리적 우위를 점하려 했다. 원하지 않는 조건에서는 언제든 'No deal'을 선택할 수 있는 힘이 가장 강력한 협상력이라는 사실을 잘 활용했다. '절실한 사람'으로 보이지 않으려 했고, 그러면서 협상장에서 심리적 상위에 섰다.

하지만 을도 생각을 바꾸면 된다. "나 역시도 이 거래만 생각하지 않는다"라고 선언하면 상황은 달라진다. 협상은 상대의 태도에 휘둘리는 것이 아니라, 자신의 선택지를 믿고 버티는 힘에서 시작된다.

'협상'은 언제든 떠날 수 있는 사람이 만드는 게임이다. 어떤 조건에서도 자유로울 수 있다는 사실을 보여줄 수 있다면, 협상은 더 이상 싸움이 아니라 선택의 무대가 된다.

기술 5: 개인화된 접근

* 사례: 트럼프의 아베 신조, 마크롱, 김정은과의 맞춤형 관계 설계
* 적용: 상대의 특성과 맥락에 맞춘 '맞춤형 언어'로 설득력 강화

1) 상대방이 중요하게 여기는 것(가족, 성과, 감정)에 메시지를 맞춘다. '딱 맞는 제안'이라는 느낌을 주는 게 핵심이다.
2) 단도직입적인 조건 제안보다 유대감부터 먼저 조성한다. 작은 배려나 기억이 협상의 분위기를 바꾼다.
3) 감정과 관심이 섞인 언어는 이성보다 빠르게 움직인다. "당신만 생각했다"는 시그널은 가장 강한 압박이다.

사례

트럼프는 협상을 단순한 이익 교환의 과정으로 보지 않았다. "사람과 사람 사이의 관계"의 출발로 보았다. 국가 간 협상에서도 "상대가 누구인가"를 핵심으로 보았다. 그래서 외교적, 제도적 형식보다 인간적인 접촉과 관계 형성을 우선했다. 이 전략은 그가 자주 언급한 원칙 중 하나인 "친구는 쉽게 양보하고, 적은 끝까지 저항한다"는 발언으로 요약될 수 있다.

트럼프는 외교 문서나 다자간 회의보다는 개별 정상과의 1:1 만남, 비공식 대화, 개인적인 선물이나 칭찬을 통해 심리적 거리를 좁히고, 관계를 협상 도구로 전환하는 방식을 즐겨 사용했다. 공식적 외교 프레임뿐만이 아니라, 개인적 유대와 사적 언어를 동시에 사용해 공식과 비공식 경로를 복합적으로 운영하며 협상 유연성을 확보했다.

이러한 개인화 전략은 일본, 프랑스 등 전통적인 동맹국 그리고 러시아, 이라크, 북한 같은 적대국과의 협상에서 뚜렷하게 드러났다. 대표적인 예는 일본 아베 신조 전 총리와의 관계였다. 트럼프는 대통령에 당선되자마자 트럼프타워로 그를 초청하는 등 워싱턴에서 가장 먼저 만나는 외국 정상으로 아베를 선택했다. 이후 골프 라운딩, 부부 동반 만찬, 상대국 입국 시의 특별한 배려 같은 것을 통해 개인적 신뢰를 만드는 데 치중했다. 그리고 이 관계는 미국과 일본 간 무역 협상에서 결정적인 변수로 작용했다.

2019년 G20 회의, 트럼프와 아베는 비공식 골프 회동을 가졌고, 트럼프는 기자들 앞에서 "신뢰할 수 있는 친구"라고 아베를 추켜세웠다. 이후 일본은 미국산 쇠고기, 돼지고기 등의 관세를 대폭 인하했고, 디지털 무역 규제 완화 조항을 포함한 협정 초안에 사인을 했다. 이를 두고 일부 일본 언론은 "Unequal treaty"(불평등 조약)으로 표현하기도 했다. 미국 중심의 협상이었음을 지적한 것이었다.

트럼프는 에마뉘엘 마크롱 프랑스 대통령과도 파리기후협약, 이란 핵협정, NATO 분담금 등의 이슈로 여러 차례 충돌과 공조를 반복했지만, 매번 "그는 훌륭한 사람이다", "마크롱은 정말 똑똑하고 따뜻하다"는 표현을 언론 앞에서 여러 번 하며 개인적 연결 고리를 부각했다.

그리고 2018년 백악관에서 열린 첫 국빈 만찬의 주인공으로 마크롱 부부를 초대한 것도 개인 감정을 외교에 활용한 상징적 사건이었다. 특히 2019년 G7 정상회의 직전, 트럼프는 마크롱의 입맛에 맞춘 와인 시음회로 저녁 만찬을 열었는데, 이 회동 이후 프랑스는 디지털세 부과 유예, 미국산 와인에 대한 보복관세 연기 등의 조치를 발표했다.

동맹국이 아닌 적대국의 협상 사례도 살펴보자. 가장 이례적으로 평가받는 것이 북한 김정은 국무위원장과의 관계다. 트럼프는 2017년 김정은을 "리틀 로켓맨", "불량국가의 지도자"라 맹비난을 하다가, 2018년 돌연 태도를 바꾸어 개인 친서 교환, 3차례 정상회담, 판문점 깜짝 회동 등 예외적인 외교 행보를 펼쳤다.

특히 2018년 싱가포르에서 열린 북미정상회담에서 둘은 약 5시간 동안 대화를 했다. 이때 트럼프는 김정은을 두고 "위대한 지도자", "훌륭한 협상 파트너"라 부르며 존중을 표했다. 이후 하노이 노딜(2019년 2월) 사태가 일어나는 등 비핵화를 향한 실질적인 진전은 미미했지만, 이후에도 트럼프와 김정은은 개인적인 친서 교환을 이어갔고, 결국 2019년 6월 다시금 판문점 회동으로 이어졌다.

트럼프는 "김정은은 나를 이해하고, 나도 그를 이해한다. 이것이 협상의 출발점."이라고 말했으며, 김정은과의 관계를 두고 "우리는 사랑에 빠졌다"라고까지 표현했다. 이는 전통적인 외교 관례에서는 보기 드문, 감정 기반의 설득 시도였다.

트럼프는 『거래의 기술』에서 "상대방의 이념이 아니라, 감정과 성격을 읽어야 협상이 풀린다"고 말한 바 있다. 트럼프의 개인화 접근법은 단지 외교 스타일의 변주가 아니라, 협상을 바라보는 인식 자체를 달리하는 전략적 시도였다. 비공식 루트와 감정적 접근을 통해 협상의 유연성을 확보한 방식이었으며, 단기적으로는 갈등을 봉합하거나 합의를 유도하는 데 분명한 효과를 발휘하는 방식이었다. 결국 상대방에게 '이 사람이 내 편일 수도 있다'는 인식을 심는 것이 중요했다.

기술 정리

1. 개인 정보의 전략적 활용: 상대방의 배경, 가족, 성향 등을 파악하고 관련 주제를 언급해 유대감을 형성한다.
2. 맞춤형 언어의 사용: "너만을 위한 제안", "네 입장에서 보자면"과 같은 화법으로 개인적 설득력 강화한다.
3. 감정적 리듬 조절: 상황에 따라 칭찬과 압박을 교차시키며 신뢰와 긴장을 동시에 관리한다.
4. 관계의 상징적 연출: 회담 장소, 사적인 만남, 특별한 이벤트 등을 통해 협상의 형식을 '사적인 공간'으로 전환한다.

5. 이슈보다 사람 중심의 설득: 정책의 문제가 아닌, 당신과 나의 관계에서 풀어나가자는 프레임을 통해 논쟁보다 신뢰 형성에 무게를 둔다.

활용

개인화된 접근이란 '상대방에게 맞춰진 언어로 말하는 능력'이다. 트럼프는 자신의 인생 경험을 담은 자서전 성격의 여러 책에서 "사람마다 귀 기울이는 포인트가 다르다"며, 상대가 중요하게 여기는 '심리적 지점'을 공략하는 것이 가장 효과적인 설득(협상) 포인트라고 강조했다.

맥락 중심의 공감 메시지는 언제나 더 깊이 꽂히고, 마음을 움직인다. 다음은 우리가 일상에서 이 방법을 효과적으로 활용할 수 있는 실제 장면들이다.

1) 인사고과 시즌, 상사의 리더십을 존중하는 메시지

인사 평가 시즌이 다가왔다. 단순히 성과를 강조하기보다, 상사의 관점을 고려하는 표현이 설득력을 높인다.

"사실 올해는 부장님이 밀어주신 덕분에 이 프로젝트가 가능했습니다. 보내주신 믿음 덕에 결과도 좋았던 것 같습니다." 이 말은 나의 성과가 단독 플레이가 아닌 '상사와의 팀워크'로 완성된 것임을 보여준다. 즉 '나를 밀어줄 이유'를 감정적으로 설득하는 메시지가 된다. 상사의 '기여감'을 자극하면, 단순한 팀원이 아니라 신뢰할 수 있는 파트너로 각인된다.

2)제품보다 사람을 중심에 둔 상품 제안

평소 운전 거리가 짧고, 정숙한 주행을 선호하는 운전자에게 차량을 추천해야 한다. 이때 이렇게 말해보자.

"사장님, 이 차량을 처음 봤을 때부터 사장님이 떠올랐습니다. 평소에 주행거리가 길지 않으셔서 연비 좋은 하이브리드 차량이 적합하겠다고 생각했고요. 무엇보다 차량이 워낙 조용하고 부드러워서, 하루 종일 바쁜 일 마치시고 퇴근할 때 조용히 음악 틀어놓고 집까지 가시는 길이 훨씬 편안해질 거예요. 또 주말에 가족들과 캠핑 가신다고 하셨잖아요. 뒷좌석 공간도 넉넉해서 짐 싣기도 좋고, 평탄화 기능이 있어서 차박용으로도 딱입니다. **사장님 일상 리듬에 꼭 맞는 차라, 괜히 다른 차보다 먼저 소개드리고 싶었어요."**

이렇게 하면 차량 자체의 스펙을 나열하지 않으면서도, 고객이 '이건 내 얘기구나'라고 느끼며 감정적으로 반응할 가능성이 높아진다. '제품'보다 '사람'을 중심에 둔 제안으로 읽히기 때문이다. 제품의 기능이 아니라, 상대방의 일상과 연결된 장면을 그려주면 된다.

반격

트럼프는 협상장에서 무뚝뚝한 정치가가 아니었다. 협상 상대의 이름을 자주 불렀고 가족 이야기를 꺼내거나 맞춤형 칭찬을 하기도 했다. 김정은에게는 "친애하는 친구"라 부르며 편지를 보냈고, 아베 신조와는 골프를 치며 친밀한 분위기를 연출했다. 이처럼 '개인화된 접근'은 마음의 문을 여는 기술이다. 나를 단순한 협상 상대가 아니라, '나와 관계있는 사람'이라고 느낀다면 그때부터 대화의 방향은 달라진다.

그렇다면, 을의 입장에서 트럼프 같은 '사람 중심' 협상가를 만나면 어떻게 해야 할까? "너만을 위한 제안이야"라고 말하며 친근하게 접근하는 상대를 만났을 때, 감정에 휘둘리지 않으면서도 관계를 유지할 수 있는 방법은 무엇일까?

1) 감정은 인정하되, 판단은 냉정하게 한다

친절과 전략을 구분할 줄 알아야 한다. 상대가 친절하게 다가오면 기분이 좋아지기 마련이다. 하지만 협상은 기분으로만 해서는 안 된다. 상대가 "당신을 생각해서 준비한 조건"이라고 말하더라도, 그 안에 어떤 조건이 숨겨져 있는지 차분히 살펴야 한다. 친절은 감사하되, 조건은 냉정하게 따지는 것이다. 마음은 열되, 계산은 정확히 하는 태도가 필요하다.

2) '관계'보다 '내용'에 집중한다

관계는 덤일 뿐, 계약이 전부다. 트럼프는 감정과 관계를 앞세웠지만, 진짜 원하는 것은 결과였다. 을은 반대로 생각할 필요가 있다. '관계가 좋아졌으니 원하는 조건을 수용해주자'가 아니라, '조건이 괜찮으니 상대가 더 믿음직스럽다'는 순서를 가져야 한다.

협상에서는 사람보다 계약 내용이 먼저라는 사실을 잊어선 안 된다. 상대가 아무리 좋은 사람이라도 나쁜 조건이라면 받아들이지 말아야 한다.

3) 상대의 언어를 분석한다

말 속의 숨은 의도를 찾아야 한다. "이건 너만을 위한 제안이야", "다른 사람은 몰라. 오직 당신만 알고 있어" 이런 말을 들으면 특별한 대우를 받는 기분이 든다. 하지만 유혹일 뿐이다.

을은 이때 구체적인 조건을 다시 물어야 한다. **"그게 어떤 점에서 특별한가요?", "다른 사람에게는 어떤 조건이 제시됐나요?"** 이렇게 되묻는 습관이 필요하다.

4) 관계에 기대지 않고, 구조를 만들자

개인이 아닌 제도와 절차를 활용하라. 개인적인 친밀감에 의존하면 협상의 중심이 흔들린다. 이때 을은 '사적인 관계'가 아니라 '공적인 틀'을 만들어야 한다.

모든 협상 조건은 서면으로 남기고, 비공식 대화 내용도 회의록이나 기록으로 남긴다. 이렇게 하면 감정에 끌려가지 않고 협상의 원칙을 지킬 수 있다. 친근함을 무기로 삼는 사람과 협상할수록 더더욱 제도적 틀과 공식적 절차를 챙겨야 한다.

반격 정리

1. 개인화된 언어와 유대감 ⇨ 형성 감정은 인정하되, 판단은 냉정하게 한다.
2. 관계 중심의 접근 ⇨ 사람보다 계약 내용을 우선시한다.
3. 맞춤형 표현과 설득 ⇨ "그게 어떤 점에서 특별하다는 건가요?" 말의 의도를 분석하고 질문으로 대응한다.
4. 사적인 분위기 연출 ⇨ 공적 구조와 절차로 협상을 안정시킨다.

결론

'개인화된 접근법'은 단순한 친근감 전략이 아니다. 상대를 인격적으로 인정하고, 맞춤형 언어로 대화함으로써 심리적 거리를 좁히는 기술이다. 트럼프는 공식적인 협상의 틀을 넘어, 상대의 마음을 사로잡고 협상 의지를 높이는 데 이를 사용했다. 실제로 많은 국가가 '트럼프는 싫지만, 협상은 해야겠다'라고 판단하도록 하는 데 주효했다.

사람은 자신이 중요하다고 느낄 때 마음을 연다. 진짜 설득은 가장 정확한 정보가 아니라, 가장 적절한 순간에 던져지는 맞춤형 한마디에 있다. 내 말이 상대의 삶 한쪽을 향하고 있다면, 그 협상은 이미 시작부터 유리하다.

하지만 협상이 끝난 후, 남는 것은 감정이 아니라 결과다. 따라서 을의 입장에서는 감정에 흔들리지 않으면서도 상대의 좋은 분위기를 무시하지 않는 지혜를 가져야 한다. 좋은 관계는 협상의 윤활유일 뿐, 핵심은 계약의 내용이라는 사실을 잊어선 안 된다.

기술 6: 예고 없는 선물

* 사례: 2018년 싱가포르 센토사 북미정상회담 - 트럼프의 비전 영상 노출
* 적용: 감정의 문을 여는 '예상 밖의 호의' 전략

1) "요청하지 않았지만, 드리고 싶었다"는 메시지는 가장 강력한 감정적 신호다.
2) 긴장이 최고조일 때 가볍게 던지는 '한 조각'이 협상의 판을 뒤집는다.
3) 선물은 '받은 자'를 움직인다. 호의를 베푸는 것이 아니라, 관계의 방향을 조정하는 장치로 선물을 활용한다.
4) 정서적 신뢰를 기반으로 관계를 리프레이밍한다.

사례

2018년 6월 12일, 싱가포르 센토사섬. 전 세계는 도널드 트럼프 미국 대통령과 김정은 북한 국무위원장의 첫 정상회담을 주목했다. 핵위협이 고조되던 시기를 지나 맞이한 둘의 만남은 그 자체로 역사적 사건이었다. 하지만 트럼프는 단순한 외교적 의전이나 회담 이상의 것을 준비하고 있었다. 바로 김정은에게 줄 '선물'이었다.

선물은 다름 아닌 '북한의 미래'를 주제로 한 4분짜리 영상 프레젠테이션이었다. 미국이 제작한 영상에는 고층 건물과 현대적인 공항, 번영하는 도시 풍경, 첨단 산업단지와 활기찬 국제 교류의 모습이 담겨 있었다. 나레이션은 마치 헐리우드 영화의 트레일러처럼 긴장감이 있었고, 마지막 문장은 다음과 같았다.

"새로운 세상은 오늘 시작될 수 있습니다. 우정, 존중, 선의의 세계 말입니다."(A new world can begin today. One of friendship, respect, and good will.)

북한의 현재와 대비되는 '가상의 미래(비전)'를 보여주는 영상이었다. 트럼프는 이를 김정은을 향해 단독으로 상영했다.

회담 직후 트럼프는 기자회견에서 이렇게 말했다.

"그에게 영상을 보여줬어요. 그가 아주 마음에 들어 한 것 같더군요."(I showed him a tape. I think he loved it.)

김정은은 그 자리에서 어떤 직접적인 반응도 내보이지 않았다. 하지만 이후 표정은 유연해졌고, 전체 회담 분위기도 한층 부드러워졌다. 백악관은 이례적으로 이 영상을 유튜브 채널에 올리며 "외교적 도구로 사용된 협상용 메시지"라고 스스로 밝히기도 했다.

요청하지도 않았고, 예상하지도 않았지만, 어쩌면 내심 기대하고 있을지도 모를 장면들로 구성된 영상. 트럼프는 영상 선물을 통해 협상의 문을 여는 감정적 프레임을 구축했다. 압박이 아닌 설득, 요구가 아닌 제안, 위협이 아닌 협상이었다.

트럼프의 영상은 심리학자 로버트 치알디니가 『설득의 심리학』에서 언급한 '상호성의 원리'(principle of reciprocity)에 해당한다. "사람은 예상치 못한 호의를 받았을 때, 무의식적으로 그것에 대해 보답하고자 한다."

트럼프는 이 심리를 정확히 파악하고 있었다. 당시 회담은 북미 간 최대 쟁점인 '비핵화 대 보장'의 틀 안에 있었다. 양측의 입장 차는 극명했다. 미국은 조속하고 완전한 비핵화를 원했고, 북한은 단계적 비핵화와 체제 보장을 요구했다. 협상은 팽팽했고, 논리와 조건만으로는 교착 상태를 풀기 어려웠다.

트럼프는 이 지점을 감정으로 돌파하고자 했다. 트럼프가 준비한 영상은 논리적 설득 대신 감정에 호소하는 메시지였고, 김정은 개인을 대상으로 한 '비전 제시'였다. 북한 정권이 만든 선전물이 아닌 미국이 직접 만들었다는 점에서, 그리고 북한이 아닌 '김정은 개인'을 주인공으로 묘사했다는 점에서 무척 계산적이고 전략적이었다. CNN은 이 영상을 두고 "협상을 감성적으로 리프레이밍하는, 극히 드문 전략적 연출"이라고 평했다.

영상에 대한 호평과 달리 회담은 북미 간 구체적 합의 없이 종료되었다. 하지만 트럼프는 '선물'을 통해 협상 이후의 판을 넓히는 데 성공했다. 영상은 '이번 회담'만이 아니라, 다음 회담과 그 이후로까지 이어지는 '서사'의 출발점이 되었다.

트럼프의 선물은 전달되는 방식, 시점, 감정의 흐름을 통해 설계된 감정 유도 장치였다. 이처럼 협상은 때로는 말보다 정서적 움직임이 더 큰 전환을 만든다. 트럼프는 이 점을 누구보다 잘 알고 있었고, 싱가포르의 무대 위에서 그 전략을 완성도 높게 구현했다.

기술 정리

1. 예측 불가능한 제안: 상대방이 전혀 기대하지 않은 순간에 선의를 베풀어, 감정의 균형을 무너뜨리고 우호 분위기를 선점한다.
2. 상호성 유도: 선물에 보답해야 한다는 심리를 자극하여, 상대방의 양보 또는 협조를 이끌어낸다.
3. 감정적 설득력 확보: 비공식적 제안, 정서적 콘텐츠(예: 비전 영상)를 통해 논리가 아닌 감정의 문을 열게 한다.
4. 우위적 관계 형성: '선물'을 제공해서 도덕적·심리적 우위를 확보하고, 협상의 구도를 자신에게 유리하도록 재편한다.
5. 프레임 전환: 대립적 협상 프레임을 '협력과 동맹'의 정서적 프레임으로 바꾼다.

활용

트럼프는 협상에서 종종 "상대가 기대하지 않은 무언가를 던져라"는 식의 접근을 택하곤 했다. 여기서 말하는 '기대하지 않은 무언가', 즉 '선물'은 물질적인 것에만 국한되지는 않는다. 작은 배려, 타이밍 좋은 양보, 사려 깊은 제안도 해당한다.

예상하지 못한 호의는 심리적 균열을 만들고, 경계를 허물고, 관계의 프레임 자체를 바꿔놓는다.

실제로 이러한 감정의 문을 여는 '예상 밖의 호의' 전략을 현실에서는 어떻게 사용할 수 있을까?

1)소개팅 자리에서의 감정적 선물

첫 만남에서 어색한 분위기가 감돌 때, 준비해 간 디저트를 조심스럽게 건네며 이렇게 말해보자. **"회사에서 회의할 때 단 걸 드시는 걸 좋아하신다고 들었습니다. 식사 후에 드시라고 작은 거 하나 준비했어요."**

이처럼 예상치 못한 호의는 상대의 긴장을 풀고, 대화를 부드럽게 이어갈 수 있는 기반이 된다. 선물의 크기보다 '나는 당신을 신경 쓰고 있다'는 정서적 메시지가 관계 형성의 설득력을 만들어낸다.

2)월세 재계약 협상 중의 양보 제안

재계약 시점이 가까워져 오던 중, 세입자는 우연히 세탁기 급수 밸브 주변에서 약한 누수를 발견했다. 자칫하면 곰팡이나 하부 누수로 번질 수 있겠다는 생각에, 인근 철물점에서 간

단한 부속품을 사서 직접 교체했다. 이후 집주인과 재계약 이야기를 나누며 이렇게 덧붙였다.

"참, 세탁기 급수 밸브 쪽 누수가 좀 있었는데, 제가 간단히 부품을 사서 고쳐뒀어요. 예전에도 이런 건 그냥 제가 처리해 왔습니다." 이 말은 집주인에게 '이 세입자는 집을 아끼는 사람이구나'라는 신뢰를 주며, 향후 계약 조건 협상에서도 유리한 분위기를 만든다. '예상하지 못한 사려 깊은 행동'은 협상의 프레임을 신뢰 기반의 관계로 전환하는 감정적 선물 역할을 한다.

반격

갑작스레 다가온 친절, 아무 말 없이 건넨 혜택, 생각지도 못한 호의. '선물'은 마음을 누그러뜨리고, 경계심을 풀게 한다. 하지만 협상장에서의 선물은 단지 감사해야 할 것이 아니라, 분석해야 할 전략적 도구일 뿐이다.

트럼프 같은 상대가 갑작스럽게 '선물'을 꺼내 들었을 때, 을의 입장에서 취할 수 있는 대응 전략을 살펴보자.

1) "감사합니다" 이전에 "왜 지금인지"부터 묻는다

트럼프가 사용하는 선물은 대개 타이밍을 예측할 수 없었다. 마찬가지로 협상이 팽팽히 맞서는 순간, 돌연 상대가 호의를 베푼다. 이때 '을'은 상대에게 직접 묻지 않더라도 속으로는 이렇게 물어야 한다.

'왜 지금 이 타이밍에 나에게 이런 선물을 주는 것일까?' 예상하지 못한 선물이 나올 때는 반드시 그 목적이 있다. 그 목적을 먼저 찾아내야 한다.

2) 선물은 받되, 빚은 지지 않는다

사람은 누구나 받은 만큼 갚고 싶어한다. 이를 '상호성의 법칙'이라고 한다. 트럼프는 이 원리를 철저히 활용했다. 선물을 주고, 반응을 살피고, 이후 조건을 내밀면서 "나는 당신에게 베풀었는데, 이제 당신도 나에게 뭔가 보여줘야 하지 않겠느냐?"는 프레임을 만들었다.

을은 이 구조에서 벗어나야 한다. **"감사하지만, 이 선물과 결정은 별개입니다"** 라고 말할 수 있어야 한다. 선물은 예의로 받되, 협상의 논리는 차가워야 한다. 감정은 공감하되, 행동은 독립적으로 해야 한다.

3)'선물의 실체'를 구체적으로 분석한다

상대가 던지는 선물은 물질적인 것일 수도 있고, 말 한마디의 칭찬이나 특별한 대우일 수도 있다. 문제는 그것이 감정적 설득을 유도하는 장치라는 점이다. 트럼프는 종종 "너와 나는 특별하다"는 언어를 쓰며, 공식적인 조건을 넘어 심리적 유대를 강조했다. 유대는 곧 사람을 흔들고, 협상의 원칙을 무너뜨린다.

을은 다음과 같은 질문을 자신에게 던져야 한다. **"이 선물은 협상 전체에서 어떤 효과를 노리고 있는가?", "이 호의가 나의 경계를 허물게 하지는 않았는가?", "선물 뒤에 따라올 '조건'은 무엇인가?"**

선물의 본질을 구조적으로 분석할 수 있어야 한다. '좋은 의도'로만 받아들이면, 큰 실수를 하게 된다.

4)작은 선물에도, 전체 판을 바꾸지 않는다

작은 호의 하나가 협상의 균형을 무너뜨린다. 을은 명확하게 말할 수 있어야 한다. **"제안은 감사하지만, 우리가 논의하고 있는 본질과는 다르다."**

선물은 선물로 인식하되, 그로 인해 나의 기준선이나 우선

순위가 흔들려서는 안 된다. 단호하면서도 예의 바르게, 협상의 주제를 놓치지 않는 것, 그것이 을이 지켜야 할 마지막 선이다.

반격 정리

1. 갑작스러운 호의로 감정의 흐름 장악 ⇨ '왜 지금 이 타이밍일까?' 선물의 타이밍과 목적을 냉정히 분석한다.
2. 상호성 심리를 자극하여 양보 유도 ⇨ 선물과 협상 조건은 분리하여 대응한다.
3. 감정적 연출로 설득력 확보 ⇨ "감사하지만, 이 선물과 결정은 별개입니다" 감정적 흐름에 휘말리지 않고, 협상 기준을 잊지 않는다.
4. '좋은 사람' 이미지로 우위 확보 ⇨ "제안은 감사하지만, 우리가 논의하고 있는 본질과는 다르다." 선물의 실체를 꿰뚫어보고, 전체 판을 흔드는 요소가 되지 않도록 한다.

결론

 선물은 물건이 아니라, 감정적 주도권이다. 상대의 예상 밖에서 주도권을 잡아야 한다. '예상치 못한 선물'은 단순한 호의가 아니라, 심리적 긴장을 없애고 관계를 유도하는 전술적 도구이다. 이는 협상의 흐름을 뒤집고, 감정적 우위를 확보하도록 돕는다. '작은 양보'처럼 보이지만, 협상의 방향을 결정짓는 결정적 한 수다.

 트럼프가 협상장에서 던졌던 돌발적인 칭찬이나 양보처럼, 우리도 일상 속에서 예상 밖의 친절로 협상의 지형을 바꿀 수 있다. 하지만 선물이 언제나 반가운 것만은 아니다. 협상 테이블 위에서는 '무기'로 바뀔 수 있다. 감사한 마음은 가지되, 협상의 중심을 잊어서는 안 된다.

 결국 협상에서는 조건이 우선이다. "감사합니다. 그런데 이 문제는 원칙대로 다시 검토하겠습니다." 이 한 문장이 을을 지키는 가장 강력한 한 마디가 된다.

기술 7: 여론을 통한 압박

* 사례: 2025년 미국 우크라이나 정상 회담 - 젤렌스키 대통령과의 설전
* 적용: "다른 사람들도 다 그렇게 생각한다"는 집단 프레임 활용

1) 공개적인 자리에서의 압박은 말보다 더 큰 힘을 발휘한다.
2) "다들 그렇게 생각하더라"는 말은 '개인 vs 개인'의 협상 구도를 '나 vs 우리'로 전환시킨다.
3) '흐름을 주도하는 말 한마디'는 분위기를 반전시켜 "지금 분위기상 내가 양보해야겠구나"라는 심리적 압박을 만든다.

사례

 2025년 2월 28일, 백악관 집무실. 전 세계 언론의 시선이 집중된 가운데 도널드 트럼프 대통령과 볼로디미르 젤렌스키 우크라이나 대통령이 얼굴을 마주했다. 이번 정상 회담은 단순한 외교 행사를 넘어, 전쟁 중인 국가와 우방국의 리더가 공개적인 장소에서 협상에 임하는 전례 없는 장면이었다. 그 자리에는 J.D. 밴스 미 부통령도 함께했다. 회담의 핵심 의제는 미국의 군사적 지원 지속 여부와 우크라이나 광물 자원 개발권에 대한 문제였다. 전 세계는 미국이 우크라이나와의 동맹을 어떻게 재정의할 것인지에 주목했다.

 처음에는 전형적인 외교적 수사로 회담이 시작됐다. 트럼프는 젤렌스키를 "용감한 리더"라 칭했고, 젤렌스키는 "초대에 감사하다"며 화답했다. 그러나 분위기는 곧 바뀌었다. 밴스 부통령이 "평화와 번영의 길은 아마도 '외교'(협상)를 통해 찾을 수 있을 것"이라고 발언하자 젤렌스키는 즉각 "당신이 말하는 외교가 무엇입니까? 그게 무슨 뜻인가요?"라며 날카롭게 반문했다. 이어 러시아의 공격성과 2019년 실패한 휴전을 언급하며 "아무도 푸틴을 막지 못했다"고 지적했다.

대화는 급격히 긴장감이 높아졌고, 밴스는 젤렌스키가 미국 언론 앞에서 상황을 공개적으로 비판한 것을 두고 "무례하다"고 반박하며 트럼프의 전쟁 종식 전략을 적극 방어했다. 이후 젤렌스키가 미국의 러시아와의 대화 전략이 "푸틴을 고무시키고 유럽을 약화시킬 수 있다"며 지적하자, 트럼프는 큰 목소리로 "우리가 무엇을 느낄지 말하지 마라. 그럴 위치에 있지 않다."고 즉각 반발했다. 이어 "당신은 지금 유리한 카드가 없다. 수백만 명의 생명을 걸고 도박을 하고 있다."라고 압박했다.

회담 후반부로 갈수록 트럼프는 젤렌스키의 '태도'를 문제 삼았다. 젤렌스키가 "전쟁이 시작된 이래 우리는 혼자였다"라고 말하자 트럼프는 격분하며 "당신은 혼자가 아니었다. 우리는 어리석은 대통령(바이든)을 통해 당신들에게 3,500억 달러를 줬다"라고 말하며 젤렌스키의 말을 일축했다. 밴스 역시 "대통령께 감사한다고 말한 적 있느냐"라고 젤렌스키를 다시금 압박했다. 나아가 지난 대선 국면에서 민주당에 유리한 행보를 젤렌스키가 했다는 의혹까지도 제기했다(젤렌스키는 민주당 대통령 후보였던 카멀라 해리스를 지지했다).

협상장은 어느새 동맹국 간 신뢰를 확인하는 자리가 아니라, 트럼프와 밴스가 젤렌스키를 공개적으로 몰아붙이는 설전의 무대가 됐다. 결국 회담은 예정된 기자회견과 오찬 없이 끝이 났다. 젤렌스키는 서둘러 백악관을 빠져나갔고, 트럼프는 SNS에 "젤렌스키는 평화를 위한 준비가 됐을 때 다시 오라"라는 글을 남겼다. CNN은 이를 두고 "자유 세계의 리더가 침략자와 대화하는 듯한 태도를 보였다"며 트럼프를 강도 높게 비판했다.

사실 트럼프는 이 회담이 전 세계에 방송되고 있다는 사실을 누구보다 잘 알고 있었다. 젤렌스키에게 했던 모든 말은 결국 대중과 언론을 향한 연출이었다. 어떤 합의를 끌어내는 것보다, 자신이 "강력하게 행동하고 있다"는 이미지를 미국 대중에게 심는 것이 더 중요했다. 논란의 본질을 피해가고, 사람들의 주의를 연출된 메시지로만 쏠리게 만드는 전략이었다.

백악관이라는 무대, 전 세계 생중계, 취재진 앞 설전이라는 '장면 자체'는 우크라이나를 향한 압박 수단이었다. 결과적으로 우크라이나는 국제사회 앞에서 굴욕적인 입장을 감수해야 했고, 미국은 군사 지원 축소라는 방향성을 더욱 노골화했다. 그리고 트럼프는 자국민에게 강인한 대통령이라는 이미지를 심을 수 있었다.

이 사건은 협상력이 단지 논리나 데이터에서만 나오는 것이 아님을, 무대와 시선 자체가 심리적 압박의 수단이 될 수 있음을 보여준 교과서적 설계였다. 트럼프는 대중과 언론을 지렛대로 삼아 상대가 자율적으로 협상에 임하는 듯 보이게 하면서도 실질적으로는 자신의 조건을 강압했다.

기술 정리

1. 공개 무대 연출: 언론 생중계, 대중의 시선을 동원하여 상대를 긴장시키고 압박 여론을 조성한다.
2. 심리적 불균형 유도: 사적 공간이 아닌 공개된 자리에서 공격함으로써, 상대의 실수를 유도하고 방어적 태도를 유발시킨다.
3. 비난과 찬사의 이중 전략: 시작은 우호적으로 하다가 공개적 비난을 통해 대중의 평가 지점을 설정하고 대비 효과를 극대화한다.
4. 언론 활용: 회담의 전 과정을 대중에게 중계함으로써, 협상의 결과뿐 아니라 '협상의 태도'까지도 평가 요소로 전환시킨다.
5. 프레임 전환: 갈등의 중심을 '내용'이 아닌 '태도'로 옮김으로써 협상 당사자에게 심리적 책임을 전가한다.

활용

상대방을 심리적으로 위축시키는 가장 강력한 방법 중 하나는 사적이어야 할 대화를 공개 무대로 끌어내는 것이다. 트럼프는 협상에서 자주 "혼자 말하지 말고, 모두가 말하게 하라"는 식의 공공 압박 전략을 활용했다. 이는 직접적인 위협보다는 여론, 제3자의 시선, 다수 의견을 내세움으로써 상대의 심리적 부담을 키우는 방식이었다.

타인의 목소리를 빌려 압박하는 순간, 설득 과정에서 한층 더 높은 위치에 설 수 있다. 일상에서는 이를 어떻게 활용할 수 있는지 알아보자.

1)중고거래 시 긴박감 조성

온라인 중고거래 플랫폼에서 가격을 조정하려는 구매자에게 이렇게 말해보자. **"여러 사람이 관심을 표해주셨고, 저렴하게 나왔다는 얘기가 많아서요. 가격을 낮추기엔 좀 그렇네요."**

직접적인 거절 대신 제3자의 반응(댓글, 후기, 평판)을 언급함으로써, 상대에게 "나만 그렇게 느낀 게 아니구나"라는 압박감을 줄 수 있다. '1:1 협상'이 아닌 '여럿이 지켜보는 공개된 무대'라는 프레임을 형성하면, 구매자는 협상력이 약해졌다고 느끼게 된다. 이는 "다른 사람들도 그렇게 본다"는 메시지를 활용한 간접 압박 전략이다.

2) 회식 메뉴 협상 시 다수 의견 활용

팀 회식 자리에서 메뉴 선택이 엇갈릴 때, 이렇게 말해보자. "아까 점심시간에 얘기 나눠보니까, **대부분 삼겹살이 괜찮다고 하더라고요**. 고기 먹고 싶다는 분들이 꽤 있었어요."

본인의 취향을 강하게 주장하기보다는, '다수의 선호'를 앞세우는 방식이다. 특정 의견을 직접 밀어붙이지 않아도, "이미 많은 사람이 그렇게 생각한다"는 프레임은 이의를 제기하기 어렵게 만든다.

이런 방식은 트럼프가 자주 활용한 "내가 아니라 모두가 그렇게 본다"는 여론 프레임을 일상 속에 적용한 예다.

3) 회비 인상 반대 시 제3자 언급

동호회나 소모임에서 회비 인상 이야기가 나올 때, 직접 반대 의견을 내는 것이 부담스럽다면 이렇게 말해보자. "**요즘 경기도 어렵고, 실제로 한두 분은 '회비 더 오르면 못 나오겠**

다'는 얘기도 하시더라고요."

자신의 불만을 직접 드러내지 않고, 다른 회원의 우려를 빌려 표현했다. 개인의 반대가 아닌 '구성원 전체의 걱정'으로 프레임을 바꾸면, 제안자도 도덕적 책임과 현실 부담을 인식하게 된다.

이처럼 제3자의 말, 잠재된 여론, 묵음의 다수를 언급하는 전략은 공개적 협상에서 상대의 입장을 스스로 낮추게 하는 효과가 있다. "모두가 우려하고 있다"는 식의 우회적 압박이다.

을의 반격

트럼프는 협상을 단둘이 조용히 하지 않았다. 언론, SNS, 회담 생중계와 같은 '제3자의 시선'을 전략적으로 끌어들였다. '공공연한 압박'이다. 카메라 앞에서 협상을 진행하고, 대중의 반응을 이용해 상대방에게 심리적 부담을 가했다.

뉴스에서 협상 진행 사항이 언급되고, 사람들(여론)이 "왜 저렇게 소극적으로 나오지?"라고 말하면, 협상 당사자는 이를 의식하지 않을 수 없다. 그러면 긴장하고 실수를 하기 마련이다. 트럼프는 이런 상황을 일부러 만들었다.

그렇다면, 언론과 여론이 동원된 무대에서 '을'은 어떻게 살아남을 수 있을까? 제3자의 시선을 압박이 아닌 방패로 바꾸는 네 가지 전략을 살펴보자.

1)무대가 커질수록, 메시지는 더 작고 명확하게 간다

공개된 무대에서는 복잡한 말보다 짧고 분명한 말이 훨씬 강력하다. **"우리 입장은 단순합니다. 공정한 조건이면 합의하겠습니다."** 이처럼 간단하지만 흔들림 없는 메시지를 준비해야 한다.

을의 입장에서 가장 중요한 것은 긴 문장보다 짧은 핵심 문장이다. 공공의 시선 속에서는 말이 길어질수록 실수가 많아지고, 오해가 생기기 마련이다.

2)공개된 비난에 흔들리지 않는다

'진실의 복습'을 활용하는 방법이다. 트럼프는 협상 중 종종 "감사하지 않는다", "준비가 안 돼 있다"같은 비난을 공개적으로 퍼부었다. 상대의 태도를 문제 삼아 여론을 제 편으로 만들려는 기술이다.

이때 마음이 흔들려서는 안 된다. 조용히 사실을 정리해 반복하는 것이 중요하다. **"저희는 이미 준비한 조건들을 설명해 드렸고, 지금도 그 입장에는 변함이 없습니다."** 이렇게 말함으로써, 상대의 비난을 흘려보내고, 핵심에 집중할 수 있다. 이렇게 하면 오히려 일관된 사람이라는 인식을 심어 여론을 내 편으로 끌어온다. '변하지 않는 태도' 자체가 공공의 자리에서는 신뢰를 만든다.

3) "카메라를 위한 말인가?"라는 질문을 자신에게 던진다

트럼프의 협상에는 '진짜 말'과 '카메라용 말'이 뒤섞여 있다. 회담 도중 "우리는 곧 떠날지도 모른다"고 했지만, 실제로는 협상을 계속 이어갔다. 이럴 때 을은 혼란스럽다. 그럴수록 이렇게 질문해야 한다.

"지금의 발언은 협상을 위한 것인가, 아니면 대중을 위한 것인가?" 이 질문은 상황을 분리해서 볼 수 있는 눈을 만들어 준다. 감정은 분리하고, 행동은 분석적으로 해야 한다.

4) 자신만의 '작은 무대'를 만든다

내부 공감대를 우선 확보한다. 상대가 대중을 이용한다면,

을인 나도 나만의 공공 무대를 만들어야 한다. 방법은 '내 편을 먼저 만드는 것'이다.

회사라고 한다면 팀 내부 동료들과 미리 공감대를 형성해 둔다. **"우리는 이런 원칙으로 협상에 나선다", "이런 태도를 유지할 것이다"** 이 같은 내부 기준을 공유하면, 공개 압박에 쉽게 흔들리지 않는다. 을은 공개 무대에서 혼자 서는 것이 아니라, 내부 동의를 바탕으로 말하는 사람이 된다. 그러면, 상대가 "저 사람은 쉽게 흔들리지 않겠구나"라는 느낌을 받는다.

반격 정리

1. 언론과 대중의 시선을 끌어 압박을 유도 ⇨ "우리 입장은 단순합니다. 공정한 조건이면 합의하겠습니다." 핵심만 담은 짧고 단단한 메시지로 일관성을 유지한다.
2. 공개 비난을 통해 심리적 불안정 유도 ⇨ "저희는 이미 준비한 조건들을 설명해 드렸고, 지금도 그 입장에는 변함이 없습니다." 사실 확인과 태도의 일관성으로 신뢰를 구축한다.
3. 찬사와 비난을 번갈아 사용해 심리적 혼란 유도 ⇨ 발언의 '의도'를 분석해 감정에서 한 걸음 떨어져 행동한다.
4. 협상의 내용을 태도가 아닌 분위기로 전환 ⇨ 팀 내 합의와 기

준선을 통해, 자신만의 '내부 무대'를 마련한다.

결론

"이건 나만의 생각이 아닙니다."

'우리'가 말하고 있다는 메시지는 공공연한 압박의 핵심이다. 이것은 절대 위협이 아니다. 집단의 시선과 여론의 흐름을 빌려 오는 간접적 압박의 기술이다.

트럼프는 협상장에서 언론, 청중, 지지층이라는 '무대장치'를 활용해 압력을 만들었다. 다수가 보는 무대 위에 상대를 올리고, 자신을 돌아보게 했다. 그 순간 협상의 주도권은 트럼프 자신에게로 왔다.

공개된 무대는 압박이 될 수도 있지만, 한편으로는 기회가 될 수도 있다. 을의 입장에서는 외부의 시선을 두려워하지 않고, 중심을 지키는 것이 중요하다. 사람은 흔들릴 수 있지만, 정해진 원칙은 쉽게 흔들리지 않는다.

"지켜보는 사람이 많을수록, 나는 더 단단하게 말하겠습니다." 이런 태도가 공개 압박 속에서도 을이 살아남는 방식이다.

기술 8: 다중 이슈 연계

* 사례: 2025년 전 세계를 상대로 한 트럼프의 관세 전쟁
* 적용: 무역, 외교, 안보 등을 패키지로 하되, 이중 하나를 주고 하나를 얻는 '묶음 협상' 구조 설계

1) 하나의 문제가 막히면, 다른 이슈를 활용해 우회로를 만든다.
2) 상대에게 중요도가 높은 의제를 같이 묶을수록 협상력은 강화된다.
3) "내가 이것을 양보할 테니, 당신은 저것을 달라"는 교환 구조를 먼저 제안한다.

사례

2025년 1월, 도널드 트럼프는 두 번째 임기를 시작하자마자 세계 경제 질서를 뒤흔드는 중대한 결정을 내린다.

대통령 취임 직후 서명한 행정명령을 통해 중국, 캐나다, 멕시코 등 주요 무역국가들을 대상으로 고율 관세를 전격 부과하면서 소위 '2025 세계 무역전쟁'의 서막을 알렸다. 하지만 이러한 조치는 단순한 경제적 조정이 아니었다. 트럼프의 진정한 목표는 관세를 지렛대 삼아 군사적, 외교적, 심지어 에너지 및 기술 원조 문제까지 협상 테이블에 끌어올리는 것이었다.

트럼프의 "다중 이슈 연계"(Multiple Issue Linkage) 전략은 관세를 통해 각국에 압박을 가하면서 외교 안보 협력과 군사비 분담 등을 거론하며 협상 전선의 외연을 확장했다. 특히 한국, 일본, 독일 등 미국의 전통적 안보 우방국을 향해 "무역 흑자를 지속하려면 방위비 부담도 늘려야 한다"고 공공연히 압박했다.

트럼프는 일관되게 무역 적자를 '미국의 손실'이라 규정해왔다. 그는 1980년대부터 "미국은 지고 있다"(America is losing)는 표현을 사용했으며, 세계 각국이 미국의 소비 시장에

무임승차하고 있다고 주장했다. 그리고 대통령이 된 이후에는 이러한 생각을 정책으로 구체화했다. 미국에 대한 무역 흑자가 크다는 이유만으로 특정 국가에 무차별적 고율 관세를 부과하고, 여기에 안보와 방위비 부담, 심지어는 기후 정책까지 엮어 복합 협상 구조를 설계한 것이다. 그는 이런 접근을 "진정한 거래"(real deals)라고 표현했다.

2025년 시작된 관세 전쟁은 매우 급하고 전방위적이었다. 2025년 2월 1일, 트럼프는 미국 무역확장법 제232조와 국제비상경제권법(IEEPA)을 근거로 중국, 멕시코, 캐나다에 대한 1차 관세(캐나다 멕시코 25%, 중국 10%) 패키지를 발표했다. 그리고 2월 중순에는 "우리는 손해를 더는 보지 않을 것이다. 관세는 우리가 가진 가장 정직하고 강력한 도구다. 그리고 다른 많은 이슈에 열쇠가 된다."고 공개 선언하며 다중 이슈 연계 전략의 본격적 시작을 알렸다. 트럼프가 얘기한 "진정한 거래"의 시작이었다.

가장 먼저 반응한 국가는 인접국이며 미국과의 거래가 가장 활발한 캐나다와 멕시코였다. 두 나라는 NAFTA 후속 협정인 USMCA 체결국으로 미국에 대한 경제 의존도가 높은 나라들이었다. 트럼프는 2025년 3월 "USMCA 조항도 다시

들여다보겠다"라며 협정 자체를 레버리지로 활용하기 시작했다. 동시에 국경 안보와 이민 문제, 멕시코 내 미군 시설 문제까지 논의 테이블에 올렸다. 이어 "관세가 단지 상품의 가격 문제가 아니라, 국경의 안전을 위한 조건"이라며 공식 성명을 발표했다.

동맹국 중 하나인 한국에 대해서도 트럼프는 다중 이슈 연계를 적극 구사했다. 3월 4일, 의회 합동 연설에서 "우리는 한국에 군대를 주둔시키고 있고, 이는 안보를 보장해 주는 행위다. 그런데 한국은 우리 제품에 높은 관세를 매기고 있다."며 공개적인 비판을 했다. 그리고 며칠 뒤, 한덕수 대통령 권한대행과 통화한 후에는 "원스톱 쇼핑"(one-stop shopping)이라는 표현을 써가며 무역과 방위비, 에너지 협상 문제를 통합적으로 논의할 수 있음을 시사했다.

이 표현은 곧장 언론의 헤드라인으로 올라왔고, 이에 대해 한국 정부는 비공식적으로 "방위비 분담과 관세 협상은 분리되어야 한다"는 입장을 밝혔지만, 미국은 이를 무시한 채 일괄 협상 기조를 고수했다.

트럼프는 같은 방식으로 EU에도 접근했다. 3월 13일, 프랑스산 와인과 독일산 자동차에 대해 최대 200%의 관세를 부과할 수 있다는 '경고성 브리핑'을 발표하며 "유럽이 안보에 무임승차하고 있다"는 메시지를 냈다. 그리고는 "방위비 증액과 공동 첨단기술 투자 협정이 성립된다면 관세는 다시 조정할 수 있다"라고 언급하며 출구 전략의 여지를 남겼다.

이 과정에서 트럼프 행정부의 무역대표부(USTR), 재무부, 국무부, 국방부는 복합적인 이슈를 조율하며 '패키지 협상' 전략을 구체화했다. 이어서 "경제와 안보는 이제 분리할 수 없는 협상 단위"라는 메시지를 각국으로 전달했다.

4월 2일, 트럼프는 자신들과 교역을 하고 있는 183개국 전체에 대해 일괄적으로 '상호 관세'(Reciprocal Tariffs)를 부과하는 초유의 조치를 단행했다. 트럼프를 이를 두고 "해방의 날"(Liberation Day) 패키지라고 불렀다. 일괄적으로 10% 기본 관세를 적용하는 조치였으며 철강, 알루미늄, 자동차 등 전통 제조업 품목은 물론이고 의약품, 반도체, 광물, 농산물, 콘텐츠 저작권까지도 포괄했다. 결국 미국은 전 세계를 상대로 그동안의 거래 관행, 무역 관행을 다 무위로 돌렸다. 자유 무역이라는 시장 경제의 기조를 바꾸는 선언이었다.

중국과의 협상은 더욱 거칠었다. 전 세계를 상대로 하는 상호 관세를 발표한 다음 날인 4월 3일, 중국 단독 대상의 초고율 관세를 발표했다. 중국산 제품 전체에 대해 최고 104%까지 적용하겠다는 발표였다. 4월 2일 조치보다 훨씬 강력하고 대립적인 조치였다. 미국을 위협하는 유일한 강대국으로 중국을 인정하는 신호이기도 했다.

중국도 즉각 반격에 나서, 미국산 농산물과 기술 제품에 대한 보복관세를 발표했다. 미국은 이 시점부터 희토류 수입 제한, 군사 기술 수출 제한, 대만 해협 자유 항해 확대 등을 함께 언급하며 무역 이슈에 안보 및 지정학 전략을 얹어가며 다층 협상을 전개했다. 미중 화상 회담은 3차례 열렸고, 각국 언론은 "경제에서 시작된 분쟁이 외교·군사 전선으로 확대되고 있다"고 분석했다.

4월 10일, 트럼프는 "중국을 제외한 모든 국가에 대해 90일 관세 유예 조치를 부여하겠다"고 발표하는데, 이는 협상국의 사정을 봐주는 관세 유예가 아니라 해당 기간 동안 안보 협력, 투자 유치, 에너지 협약 등을 병행 논의하겠다는 신호였다.

CNN은 "무역 협상이 아니라 다중 이슈를 연계한 외교 재편의 서막"이라고 보도했다. 실제로 이 기간 동안 한국, 일본, 인도, 브라질 등은 미국과 별도의 패키지 논의를 개시했다.

트럼프의 전략은 "관세를 고리로 여러 이슈들을 하나로 통합하는 것"으로, 다층적인 구조 속에서 관세를 무기 삼아 심리적·전략적 우위를 점하려는 시도였다. 결과적으로 트럼프의 다중 이슈 연계는 그 자체로 단순한 협상 기술이 아니라, 세계 질서 재편의 중심 전략이었다.

기술 정리

1. 핵심 의제 외 주제 연계: 무역 협상에 안보, 방위비, 외교 협력 등을 끌어들여 협상 범위를 확장한다.
2. 연계 대상의 전략적 선택: 상대국이 '절대 포기할 수 없는 사안'(예: 안보 보장, 군사 협정 등)을 파악해 이를 연결한다.
3. 협상 단일화: 각각 따로 다뤄야 할 문제를 하나의 패키지로 묶어 "일괄 타결" 구조를 강제한다.
4. 조건부 유예: 조건부 유예를 협상 유인책으로 활용한다.
5. 언론·외교 메시지 병행 활용: 다중 이슈를 연계한 패키지 딜을 공식 메시지로 반복함으로써, 상대국의 정치적 부담을 가중시킨다.

활용

트럼프는 언제나 단일 이슈에 함몰되지 않고, 여러 조건을 교차 연계하는 전략을 구사했다. '무엇을 주고 무엇을 얻는가'의 교환 구조를 통해 협상의 공간을 확장했다. 단순히 '하나만 놓고 밀당'하는 대신, '조건을 연계'하는 방식으로 협상의 주도권을 가지려 했다.

아래는 이러한 방식을 일상에서 활용할 수 있는 사례를 모아보았다.

1) 예비 배우자와의 신혼집 선택 협상

신혼집을 어디에 구할지를 두고, 예비 배우자와 의견이 다를 수 있다. 한 사람은 출퇴근이 편리한 도심 근처를 선호하고, 다른 한 사람은 상대적으로 조용하고 넓은 집을 얻을 수 있는 외곽 지역을 선호한다. 이럴 때 단일 이슈(위치)에 매몰되지 않고 여러 조건을 묶어서 조율한다면, 협상의 결과를 내(어느 한쪽)가 원하는 방향으로 오도록 할 수 있다.

"도심 쪽에 집을 구하자는 의견에 동의해. 대신 내부 인테리어는 내가 원하는 스타일로 꾸미는 걸로 하고, 내가 아끼던

가구들도 가져가는 걸로 할게. 그럼 나도 만족할 수 있을 것 같아."

이 협상은 단순히 '위치'만을 놓고 밀고 당기는 것이 아니라, 인테리어와 가구 등 다른 조건을 연계해 상대의 핵심 요구를 수용하면서도 본인의 입장을 반영하는 방식이다.

2) 재택근무 조건 협상

직장 상사가 어느 날 이렇게 말했다. "요즘 팀 내 협업이 잘 안 되는 것 같아서, 재택근무는 당분간 중단하고 전원 출근제로 전환하려고 합니다." 그런데 이를 수용하기가 힘들다. 이럴 때 단순히 "출근은 싫어요!"라고 반발해서는 안 된다. 대신 조건을 연계해서 다음과 같이 말해야 한다.

"팀 협업의 중요성은 저도 공감합니다. 다만, 개인적으로 출퇴근 시간 소요가 커서 생산성이 오히려 떨어지더라고요. 이렇게 해보면 어떨까요? **월요일과 목요일은 사무실에서 팀 협업 중심으로 근무하고, 나머지 요일은 재택으로 집중 업무를 하는 것으로요. 대신 매주 목요일 회의 자료는 제가 정리해서 공유하겠습니다.**"

이 방식은 '출근 vs 재택'이라는 단일 이슈에서 벗어나, 근무 일정, 역할 분담, 팀 기여 방식 등을 종합적으로 엮어 상호 수용 가능한 대안을 제시하는 방식으로 조건을 바꾸어버렸다. 조직의 우려를 줄이는 동시에, 개인의 필요도 일정 부분 반영하는 방식이다.

반격

'다중 이슈 연계' 전략의 핵심은 상대방이 가장 중요하게 여기는 사안을 파악해 협상 범위 안에 억지로 넣는 것이다. 이렇게 할 경우 "이것만 해결하면 되는 줄 알았는데, 저 문제까지 얽혔으니 양보라도 해야 하나?"라는 생각이 들 수밖에 없다. 트럼프는 이 구조를 통해 상대에게 더 큰 부담을 주고, 자신의 조건을 관철하는 협상을 자주 했다.

이처럼 '이것저것 다 걸고 나오는' 사람을 만났을 때, 을은 어떻게 대응해야 할까? 다음은 그에 대한 네 가지 전략이다.

1) 문제를 섞을수록, 중심 의제를 선명하게 지켜야 한다

트럼프는 여러 문제를 한꺼번에 제시함으로써 협상의 초점을 흐리게 만들었다. 이때 을은 '핵심 문제'가 무엇인지 끝까지 잊지 않는 것이 중요하다.

원래는 "제품 단가 협상"이었는데, 상대가 "그럼 배송 조건도 바꾸자", "계약 기간도 줄이자"라고 말한다면, 처음 논의하려던 핵심이 사라진다. 이럴 때는 다음과 같이 분명하게 말해야 한다.

"좋습니다. 다른 이야기들도 나눌 수 있지만, 우선 가격부터 정리하고 넘어가시죠." 협상은 문제를 넓히기보다, 우선순위를 지키는 것이 먼저다. 상대가 판을 키울수록, 내 입장을 뚜렷하게 지켜야 흔들리지 않는다.

2) "이건 따로 논의합시다"라는 선 긋기를 적극 활용한다

트럼프는 서로 관련 없어 보이는 문제도 하나의 협상 테이블 위에 올린다. 이럴 때, 협상 항목을 분리하는 기술을 사용해야 한다.

"이 이슈는 안보와 관련된 것이므로, 별도의 테이블에서 논의하는 게 맞습니다." 의도적으로 선을 긋고 문제를 쪼개면, 협상의 범위가 좁아지고 을이 통제할 수 있는 여지가 커진다.

모든 것을 한꺼번에 논의하자는 제안은 을에게 과도한 부담을 지우는 전술이다. 따라서 하나씩 나누어 생각하자고 제안하는 것이 유리하다.

3) "그럼 이것도 함께 논의하시죠"라는 역연계 전략을 쓴다

상대가 자꾸만 새로운 문제를 엮으려 한다면, 을도 역으로 자신에게 유리한 문제를 붙일 수 있다. 이를 '역연계 전략'이라고 부른다.

"관세를 이야기하면서 방위비도 논의하자"라고 한다면, **"그렇다면 방위비 이야기하면서 우리 기업에 대한 투자 지원 문제도 함께 논의하자"**라고 대응할 수 있다.

상대가 협상을 묶는다면, 나도 나에게 유리한 이슈를 같이 묶자고 제안하는 것이다. 이렇게 하면 협상의 무게가 균형을 잡고, 을도 대화의 주도권을 회복할 수 있다.

4) 묶음 제안에는 묶음 원칙으로 대응하라

다중 이슈 협상은 결국 '하나를 주고 하나를 받자'는 구조이다. 이 상황을 잘 활용하면 을이 오히려 유리해질 수도 있다. 예를 들어, 가격은 약간 양보하되 계약 기간은 확실히 이득을 보겠다는 전체적인 균형 감각이 필요하다. 이럴 때는 사안별로 손익 계산을 미리 해두어야 한다.

"이 항목은 내가 양보해도 된다. 그러나 저 조건은 반드시 지켜야 한다." 이 원칙만 있다면, 다중 이슈 협상도 충분히 이겨낼 수 있다.

반격 정리

1. 무역·안보·외교 등 다양한 사안을 묶어 협상판을 확대 ⇨ 중심 의제를 선명하게 설정하고, 다른 사안과 분리한다.
2. 상대가 절대 양보하기 힘든 이슈를 끼워 넣음 ⇨ 불리한 이슈는 별도 논의로 분리하고, 유리한 사안은 반대로 연계한다.
3. 모든 사안을 '일괄 타결'하려 함 ⇨ '사안별로 손익 계산'을 하여 조건별로 다르게 대응한다.
4. 조건부 유예와 공식 메시지를 통해 협상 프레임을 압박 구조로 만듦 ⇨ 양보할 항목과 지켜야 할 항목을 명확히 분류하여 원칙 중심으로 협상한다.

결론

협상은 '하나의 문제'가 아니라, '여러 가능성'을 조정해가는 과정이다. 다중 이슈를 연계하면, 기존의 갈등 지점을 새로운 균형점으로 전환할 수 있다.

"이 문제를 다른 문제와 연결하면, 더 쉽게 해결할 수 있지 않을까?" 이렇게 질문을 던질 수 있는 자가 협상의 판을 바꿀 수 있다.

을의 입장에서는 더 많은 문제가 연계될수록 중심을 또렷이 해야 한다. "모든 문제를 한꺼번에 풀 필요는 없다. 가장 중요한 문제부터 하나씩 정리해가겠다." 이 말이 '다중 이슈 연계' 전략을 무너뜨리는 출발점이 된다.

무엇을 포기할 수 있는지 보여주면서, 동시에 무엇을 얻고 싶은지를 명확히 전하는 것이 중요하다. 유연한 설계력이 곧 협상의 힘으로 작용한다.

기술 9: 감정 폭발

* 사례: 2025년 트럼프 행정부와 하버드 대학간의 갈등
* 적용: 억울함과 분노 같은 감정적 도구를 구조 전환의 신호로 쓰는 법

1)상대가 나를 무시할 때 전략적으로 '감정의 문'을 연다.
2)분노는 대상을 구체적으로 정하고, 메시지는 명확해야 한다.
3)분노는 감정으로 시작해 명분으로 마무리되어야 설득력이 생긴다.

사례

2025년 4월, 도널드 트럼프 대통령과 미국의 대표적 고등교육기관인 하버드대학교 간에 벌어진 충돌은 단순히 재정 지원을 하느냐 마느냐의 문제는 아니었다.

갈등의 발단은 하버드대가 연방 정부의 정책 방향과 배치되는 입장을 고수하면서부터였다. 트럼프 행정부는 다양성, 형평성, 포용성 프로그램(DEI)의 축소와 특정 외국계 학생 단체의 감시 강화를 포함한 일련의 요구사항을 학교 측에 전달했다.

트럼프는 공개석상과 트루스 소셜을 통해 "세금 면제 지위는 국가에 봉사하는 대가이지, 국가를 욕하는 자유의 면허증이 아니다"(Tax exemption is a privilege for serving the country, not a license to insult it.)라는 메시지를 반복해서 냈다. 나아가 트루스 소셜을 통해 다음과 같은 격한 감정을 드러내기도 했다.

"하버드 대학이 정치적, 이념적, 심지어 테러리즘을 지지하는 병폐를 계속 밀어붙인다면, 더 이상 세금 면제 지위를 누릴 자격이 없다. 정당처럼 과세해야 한다."(If Harvard continues to push political, ideological, and even terrorist sympathies, it no longer deserves its tax-exempt status and should be treated like a political organization.)

그의 반복된 비난은 하버드 대학의 이미지와 공공 정당성에 직격탄을 날리는 것이나 다름 없었다. 트럼프 대통령은 하버드에 매년 지원하는 22억 달러 이상의 연방 전부의 국고 보조금을 동결하도록 지시했다. 동시에 국세청(IRS)을 통해 하버드의 세금 면제 지위를 공식 검토하도록 했다.

하버드 측은 이에 대해 "대학의 독립성과 자율성은 헌법에 보장된 권리"라고 강경히 반박했고, 앨런 가버 총장은 "어떤 정부도 대학이 무엇을 가르치고 누구를 받아들일지 명령할 수 없다"라고 강조했다. 이에 맞서 트럼프는 "하버드가 맞서 싸울 때마다 2억 5천만 달러씩 잃고 있다"고 했으며, "하버드는 자꾸 자기 무덤을 파고 있다"는 표현을 쓰며, 하버드의 고집을 조롱했다.

트럼프는 강한 언어와 공격적인 메시지로 상대를 위기에 몰아넣었으며, 감정적 과잉을 보이며 여론과 언론의 관심을 집중시켰다. 트럼프의 발언은 전통적으로 자율성과 학문적 자유를 상징 해온 대학을 향한 전례 없는 정서적 공격이었다. 단순히 비판 수준을 넘어, 명예와 정체성을 건드리는 공개적 모욕에 가까웠다.

하지만 하버드가 맞서 싸우는 동안, 다른 주요 대학들은 보다 신중하거나 유화적인 태도를 보였다. 콜럼비아 대학교는 일부 정부 요구사항을 수용하겠다는 입장을 밝혔고, 프린스턴 및 스탠퍼드 대학교는 하버드대에 대한 원칙적인 지지 성명만 발표했을 뿐 정부에 맞서는 구체적 대응은 보류했다.

트럼프는 이 사건을 계기로 미국 내 좌파 성향 학계 전체를 향한 보다 넓은 형태의 규제 방안을 암시했다. 그의 격한 언행은 하버드를 향한 정치적 응징이 아니라, 다른 대학 및 민주당 지지 성향이 강한 학계 전반에 대한 경고였다. 이는 학문적 자율성에 대한 도전일 뿐만이 아니라, 교육·연구의 전통적 가치에 대한 재정의를 시도하는 것과 같았다.

이러한 트럼프의 분노 표출은 일회성 감정 폭발이 아니라 전략적 협상 기술이었다. "예측 불가능하고 감정적으로 폭발하는 트럼프"라는 이미지를 의도적으로 강화하면서, 협상의 판을 전복시키는 '광인 전략(Madman Theory)'이기도 했다.

결과적으로 트럼프는 하버드 대학과의 충돌을 통해 자신의 정치적 존재감을 부각했고, 감정(분노)이라는 '비논리적 자원'

을 활용하여, 협상·압박·정책 실행이라는 3박자를 동시에 실현했다.

기술 정리

1. 예측 불가능성: 감정적 반응을 통해 상대방의 판단력을 흐리게 해, 다음 움직임을 예측할 수 없게 한다.
2. 공포와 긴장의 유도: 강한 언어와 위협적 태도를 통해 상대방을 감정적으로 위축시켜 협상의 주도권을 확보한다.
3. 의제의 전환: 감정의 폭발을 통해 원래의 협상 주제를 비틀고, 다른 의제를 끼워넣거나 협상 범위를 확대시킨다.
4. 지지자 결집: 분노 표현을 통해 지지층의 감정을 고양시키고, 외부 압박을 내부 지지로 전환시킨다.
5. 프레임 통제: '누가 적이고 누가 옳은가'를 분노의 언어로 규정함으로써, 협상의 정당성과 도덕적 우위를 점한다.

활용

일상에서도 '분노'나 '억울함' 혹은 '단호함'을 단순한 감정

발산이 아닌 심리적 전환의 도구로 사용할 수 있다. 중요한 것은 감정의 진정성보다 감정 표출의 타이밍과 방향이다.

1)반복되는 무시 속 감정 발언

회의 중 계속해서 자신의 의견이 무시당하거나 소외당한다고 느낄 때, 조용히 목소리를 높여 다음과 같이 말할 수 있다.

"이제 제 의견도 들을 차례라고 생각합니다. 계속해서 이런 식으로 진행된다면, 저는 더 이상 이 자리에 있을 필요가 없습니다. 그리고 그 결과 또한 책임질 수 없습니다."

이러한 발언을 한 다음 자신의 의견을 밝힌다면, 발언은 단순히 불만(감정) 표출이 아니라, 일종의 결단이 된다. 그리고 회의의 중심축은 자연스럽게 발언자에게 이동한다.

감정은 협상의 흐름을 전환하는 '방아쇠' 역할을 할 수 있다. 특히 침묵 뒤에 오는 폭발은 훨씬 더 큰 울림을 남긴다.

2)임금 협상에서의 감정 발언

상사와의 면담 자리에서, 그동안 무심하게 흘러온 연봉 협상에 대해 이렇게 말할 수 있다.

"3년째 같은 대우를 받고 있습니다. 더는 이 상황을 감내할

수 없을 것 같습니다." 이 표현은 불평처럼 들리기보다는 감정을 담은 마지막 통보로 받아들여진다.

상대는 더 이상 이 문제를 미룰 수 없는 사안으로 인식한다. 논리로는 무시할 수 있어도, 감정적으로는 '지금 반응하지 않으면 안 되는 문제'로 받아들인다. 감정은 협상에 '즉시성'을 부여하기도 한다.

반격

트럼프는 종종 협상 도중 크게 화를 내고, 기자회견장에서 소리를 지르고, SNS에 공격적인 말을 쏟아내며, 상대를 향해서는 공개적으로 "매우 실망스럽다"라고 외치기도 한다. 트럼프의 이러한 분노 표출은 단순한 감정 폭발이 아니라 계산된 연기이며, 협상의 틀을 흔들고 심리적 압박을 가하는 전략적인 장치다.

즉 상대를 긴장하게 해서 실수를 유도하고, 자신감이 떨어지게 하여, 협상에서 더 많은 것을 양보하게끔 하는 '심리적 틈'을 노리는 전략이다.

을의 입장에서, 이렇게 분노를 전략적으로 사용하는 협상가를 만났을 때, 어떻게 해야 할까?

1) '감정적 연기'임을 간파한다

갑자기 폭발하는 분노처럼 보이지만, 사실은 상황을 바꾸기 위한 계산된 반응이다. 을은 '화'가 무엇을 바꾸려는 시도인지 파악해야 한다.

가격을 논의하던 중인데, 갑자기 상대가 "당신네는 정말 무례하다"며 화를 내기 시작한다면, **"아, 지금 이 사람은 화를 내서 나의 초점을 흐리게 만들고, 양보를 유도하는구나"**. 이 사실을 깨닫는 순간, 그 감정은 무기가 될 수 없다.

2) 감정에는 감정으로 대응하지 말고, '정중한 냉정함'으로 답하라

상대가 큰 소리를 내고, 책상을 치고, SNS에서 공격할 때, 이에 맞서 감정적으로 대응하면 협상의 중심은 흔들리게 된다. 내가 할 수 있는 가장 강한 대응은 '차분한 반응'이다.

"화내실 수 있는 상황인 건 이해합니다. 하지만 지금 우리가 해야 할 이야기는 이 조건입니다." 이렇게 말하면, 분위기는 가라앉고 협상은 본래 의제로 다시 돌아온다. 분노를 무기로 쓰는 사람 앞에서는 냉정함이 최고의 방패다.

3)감정 폭발 이후, '원래 이야기로 되돌아가자'고 제안하라

트럼프는 감정을 폭발시킨 후 새로운 의제를 꺼내거나 협상의 방향을 바꾸려 했다. 이럴 때 을은 '잠시 멈춤'을 외치고, 다시 처음의 이야기로 되돌아가자고 분명히 말해야 한다.

"조금 전 말씀은 잘 들었습니다. 하지만 원래 논의 중이던 '계약 조건'에 대해 마저 이야기하겠습니다." 이 말은 단순히 주제를 되돌리는 것이 아니다. 상대의 '의도된 분노'가 협상의 흐름을 바꾸지 못하게 막는 방어막 역할을 한다.

4)분노가 약점이 될 수 있다는 점을 활용하라

분노는 전략이기도 하지만, 동시에 약점이기도 하다. 감정이 격해지면, 논리가 흐려지고, 언행이 과해지며, 실수를 유발한다. 을은 이 점을 활용하여, 분노 이후의 빈틈을 노려야 한다.

상대가 감정적으로 격해진 상태에서 과도한 조건을 요구한다면, 그 요구가 얼마나 비현실적인지를 조용히 지적할 수 있다. **"지금 말씀하신 조건은 저희 기업 구조상 받아들일 수 없습니다. 혹시 좀 더 현실적인 조건으로 다시 생각해보시는 건**

어떨까요?"

상대가 분노로 판을 흔들 때, 을은 이성으로 판을 다시 정리하면 된다.

반격 정리

1. SNS, 언론, 협상 테이블에서 공개적 분노 표현 ⇨ 분노가 의도된 전략임을 인식하고 감정에 휘말리지 않는다.
2. 감정적 폭발을 통해 협상의 주제나 프레임을 바꿈 ⇨ '원래 이야기(논제)로 돌아가자'는 말로 중심 주제를 지켜낸다.
3. 불안, 공포, 경계심을 유도해 심리적 주도권을 확보 ⇨ 차분하고 정중한 말투로 상대의 감정에 대응하지 않는다.
4. 프레임을 바꿔 '누가 적인가'라는 구도로 전환 ⇨ 감정에 휘둘리지 않고 논리 중심의 협상 태도를 유지한다.
5. 분노를 지지자 결집과 외부 압박의 수단으로 활용 ⇨ 감정 폭발 이후 생기는 과잉 요구나 논리적 허점을 조용히 지적한다.

결론

감정의 폭발은 협상의 파국이 아니라, 전환을 위한 장치다. 트럼프는 이를 무기로 사용했다.

우리 역시 생활 속에서 '무게 중심을 바꾸는 도구'로 분노를 활용할 수 있다. 통제된 분노는 가장 정교한 레버리지다. 언제 폭발할 것인가, 왜 그 타이밍이어야 하는가, 무엇을 얻기 위해서인가, 이 질문에 답을 갖고 있다면, 분노는 정교한 협상 언어가 될 수 있다. 반면, 상대가 말도 안 되는 감정 혹은 화로써 분위기를 압도하려고 한다면, 감정에 휘말리지 않고 중심을 지키는 것이 중요하다.

분노는 상대의 전략을 드러내는 단서가 되기도 한다. "감정은 흔들 수 있지만, 내가 지키고 있는 원칙은 흔들 수 없다"는 자세야말로, 감정을 무기로 쓰는 협상가 앞에서 을이 지닐 수 있는 가장 강력한 무기가 된다.

기술 10: 약점 공략

* 사례: 2025년 미국-남아공 정상 회담 - 공개된 자리에서 남아공 인권 문제 지적
* 적용: 약점을 직접 언급하되 '기회'로 제시하는 방식의 설계

1) 상대의 '약점'을 파악한 후 해결책처럼 보이는 제안을 던진다. 단순한 '공격'이 아니라 '기회'의 제시다.
2) 협상 타이밍은 불안의 순간이 최대일 때로 맞춘다. 약점이 극대화된 시점이 협상의 최적 시점이다.
3) 협박이 아닌 배려처럼 들리게 리프레이밍한다. 그러면 상대는 자신의 양보를 정당화한다.

사례

2025년 5월 21일, 도널드 트럼프 대통령은 백악관 오벌 오피스에서 시릴 라마포사 남아프리카공화국 대통령과 정상 회담을 했다. 표면적인 의제는 미·남아공 간 경제협력과 관세 재조정, 아프리카 지역 안보 협력이었지만, 회담은 전혀 다른 방향으로 전개되었다.

트럼프는 남아공 출신의 세계적인 골프 스타 어니 엘스를 회담 자리에 배석시켜 분위기를 부드럽게 이끌었다. 이는 전략적 연출의 서막에 불과했다. 갑자기 "불을 꺼달라"는 트럼프의 지시와 함께 회담장은 극장처럼 어두워졌고, 대형 스크린에는 충격적인 영상이 재생되기 시작했다.

영상은 남아공 급진 정치인인 줄리어스 말레마가 군중 앞에서 "보어인(백인 농장주)을 죽이자"고 외치는 장면과 벌판에 줄지어 놓인 흰 십자가 무덤을 담고 있었다. 트럼프는 이 장면을 "남아공에서 벌어지고 있는 백인 농장주 학살의 증거"라며 '화이트 제노사이드'(white genocide)라고 말했다.

라마포사는 당황한 기색을 감추지 못하며 "처음 보는 영상이다. 진위도 확인되지 않았다."라고 해명했다. 하지만 트럼프는 즉석에서 프린트된 기사 뭉치를 꺼내 들며 "죽음, 죽음, 끔찍한 죽음이다. 당신 정부는 이 사태를 방치하고 있다."라고 말하며 라마포사를 몰아세웠다. 회담은 경제와 안보라는 협상의 본래 의제에서 벗어나 도덕적 책임 공방으로 이동하는 듯했다.

회담 직후 로이터 통신은 해당 영상의 일부가 남아공이 아닌 콩고민주공화국에서 촬영된 것이라고 팩트 체크를 했다. 특히 시신을 수습하는 장면은 2023년 2월 콩고민주공화국 동부 도시 고마 지역에서 촬영된 영상이라고 했다. 르완다의 지원을 받는 반군 M23의 공격 이후, 시신을 수습하는 인도주의 단체들의 모습으로 남아공과는 전혀 관련이 없는 장면이었다.

그러나 트럼프에게 진위는 그다지 중요하지 않았다. 라마포사를 수세에 몰아넣고, 마치 해명해야 하는 것처럼 분위를 만들어 협상의 무게 중심을 자신 쪽으로 돌리는 것이 목적이었다.

이 장면에 대해 CNN은 "트럼프는 외교 회담을 무대처럼 설계했고, 라마포사는 기습 공격을 당한 셈"이라고 평했다. 실제로 백악관 내부 관계자에 따르면 트럼프는 영상의 순서와 배경, 타이밍까지 직접 지시했고, 대형 스크린과 조명을 새로

설치하도록 명령했다고 한다.

트럼프의 전략은 단순한 모욕에 그치지 않았다. 라마포사에게 "학살 이미지를 방치한다면 남아공은 국제사회의 신뢰를 잃을 것"이라 경고하면서도, 이어 "미국이 당신과 함께할 수 있다. G20 의제도 바꿔야 하지 않겠나? 남아공이 원하는 투자와 지원도 우리가 조건부로 검토할 수 있다"고 덧붙였다.

트럼프는 압박을 먼저 한 후 '미국이 도울 수 있는 길'을 제시하며 기회를 흘려보냈다. 이는 라마포사가 간절히 원하는 미국의 G20 참석과 국제 개발 자금, 무역·투자 협력에 대한 레버리지였다. 트럼프는 남아공이 아프리카 최초로 G20 의장국을 맡았으며, 미국이 불참을 선언하는 상황이 어떤 의미인지를 정확히 알고 있었다. 라마포사 입장에서는 트럼프를 설득해 G20 정상 회의에 참석하게끔 하고, 중요하게 다뤄야 할 주요 의제를 지켜내야 했다.

논란 속에 양국 사이의 무역특사단 교환 일정과 관세 재조정, 희토류 공급망, 전력 인프라 투자 협약 등은 지연되었고, 남아공은 미국과 맺은 협정의 재검토를 시사했다. 이는 외교적으로 자국의 주권과 자존심을 지키기 위한 조치였다.

회담 이후 남아공 외교부는 미국 국무부에 항의 서한을 보내 "날조된 영상과 '화이트 제노사이드' 프레임은 외교적 결례"라고 비판했다. 남아공 집권 여당과 대통령실은 라마포사의 대응을 옹호하며 "국익을 위한 방어였다"고 성명을 발표했다. 반면 미국 보수 매체와 일부 공화당 의원들은 "남아공의 인권 문제를 환기한 용기 있는 행동"이라며 트럼프를 지지했다.

트럼프는 젤렌스키 우크라이나 대통령을 향해서도 비슷한 방식의 '모욕 후 제안'을 사용한 바 있다. 이번 라마포사와의 회담 역시 같은 연장선 상에 있었다.

트럼프식 약점 공략은 단순한 공격이 아니라, 상대의 약점을 공공의 이슈로 포장한 뒤, 그 해결책을 '자신과의 협상'에서 찾도록 유도하는 심리적 설계다. 이번에도 트럼프는 '백인 농부 학살'이라는 도덕적 프레임을 제시하고, 그 해결의 길을 미국과의 협력에서 찾게 만드는 방식으로 협상을 재구성했다.

트럼프는 협상에서 상대방이 외부에 드러내고 싶지 않은 취약점을 빠르게 감지하고, 그것을 정면에서 제기함으로써 심리적 주도권을 확보하는 데 능숙하다. 라마포사의 약점을 이용해 단순한 질책이 아니라 "미국이 도울 수 있다"는 메시지로 전환함으로써 압박과 유화의 이중 전략을 펼쳤다. 바로 약점을 기회처럼 포장하는 트럼프식 협상의 본질이었다.

기술 정리

1. 민감한 약점의 공개화: 상대가 감추고 싶은 문제를 공론화하여 협상력 약화를 유도한다.
2. 교환 조건의 왜곡: 상대가 약점으로 도저히 거절할 수 없는 조건을 제시하여 일방적 양보를 유도한다.
3. 협상의 타이밍 조절: 가장 불안정하거나 고립된 시점을 선택하여 협상 판을 깔고 주도권을 확보한다.
4. 메시지의 정치화: '국제사회를 위한 공공의 이익'처럼 포장해 반박 불가능한 여론 프레임을 조성한다.
5. 이중 프레임 구성: 겉으로는 상생(peace, prosperity), 실제론 강제(pressure, punishment)의 이중적 구조를 설계한다.

활용

상대방의 약점을 공략한다는 것은 단순히 취약 지점을 찌르는 것이 아니다. 상대의 고민을 먼저 알아채고, 이를 함께 해결할 의지를 보이는 방식으로 강력한 설득 효과를 만들어 낸다.

일상 속 협상에서도 우리는 '상대가 숨기고 싶은 문제'를 내 문제를 해결할 기회로 바꿀 수 있다. 다음은 구체적인 사례들이다.

1) 영업 제안 시

클라이언트의 최근 매출 부진을 사전에 파악한 뒤, **"팀장님 요즘 매출 고민 많으시죠?"** 라고 조심스럽게 말을 건네며 **"그래서 이 제안이 지금 딱 맞는 이유입니다"** 라고 이어간다면, 그 제안은 단순한 판매가 아니라 '해결책'으로 들리게 된다. 상대의 약점을 직접 지적하기보다, 공감과 연결을 통해 설득의 문을 여는 것이 핵심이다.

2) 사내 제안 협상

최근 팀장 혼자 주요 보고서를 다 작성하는 상황이 반복될 때, 회의 중 이렇게 제안할 수 있다. **"요즘 팀장님이 정리도, 발표도 다 맡으시는 것 같아서요. 매번 부담이 크실 것 같아요. 이번 보고서는 제가 요약안을 만들고, 팀장님은 핵심만 정**

리하시면 어떨까요?" 이 방식은 부담을 지적하지 않고 '당신 힘든 거 알아요'라는 방식으로 접근한 뒤, 구체적 분담 방안을 제안함으로써 방어 대신 수용을 유도하는 방법이다.

3) 부동산 협상

입주 예정이던 집이 한동안 공실이었음을 알고 있을 때, 집주인에게 이렇게 말할 수 있다. **"이 동네에서는 방 구하기가 쉽지 않았는데, 마침 이 집이 지금 비어 있는 걸 보고 바로 연락드렸어요. 보증금만 조금 조정되면 바로 계약하고, 다음 주에라도 이사할 수 있어요."** 이 말은 공실이라는 '약점'을 드러내지 않으면서도, 이를 잘 알고 배려하는 사람이라는 인상을 준다. 집주인은 "이 사람은 내 상황을 알고 있고, 리스크를 줄여줄 수 있다"고 신뢰를 하게 된다.

4) 동료와의 역할 조율

업무 과중으로 늦게까지 야근을 반복하는 동료가 있을 때, 점심시간에 이렇게 제안해본다. **"어제도 늦게까지 남으셨죠? 이번 주 보고서는 제가 먼저 초안 잡아볼게요. 대신 데이터 정리 쪽은 같이 맞춰봐요. 그래야 저도 헷갈리지 않거든요."** 이 제안은 일방적으로 대신해준다는 의미가 아니라, 도와줄 테니 우리 둘 다 덜 힘들자는 메시지다. 상대는 부담을 나누자는 제안에 '배려'로 반응하면서, 협력 태도를 유지하게 된다.

반격

트럼프는 약점을 공격한다. 그러나 그 방식은 단순히 "너, 이게 약점이지?"라고 윽박지르는 수준이 아니다. 오히려 "나는 너를 돕고 싶어"라며 손을 내밀고, 그 손안에 상대방이 결코 거절할 수 없는 조건을 쥐여준다. 겉으로는 선물 같지만, 속을 들여다보면 결국 상대방의 '무릎 꿇기'를 유도하는 장치다.

트럼프는 2025년 젤렌스키 대통령과의 종전 협상에서 우크라이나는 전쟁 비용을 스스로 감당할 수 없다는 사실, 국제 사회의 관심이 점점 식고 있다는 현실, 그리고 국민 여론이 점점 피로해지고 있다는 흐름을 정확히 읽어냈다.

"미국이 이만큼 도왔으니, 이제는 평화 협정을 맺자", "전쟁을 끝내는 것이 국민을 위한 일이다", "지금이 바로 그 기회다" 말만 들으면 모두 좋은 이야기지만, 그 말 뒤에는 이런 뜻이 숨어 있다. "그러니까 네가 양보해라", "조건은 내가 정한다".

트럼프는 약점을 드러내게 하고, 그것을 마치 선의로 포장해 협상을 이끈다. 이런 협상가를 만났을 때, 을은 어떻게 대응해야 할까?

1) 도움의 언어 속에 숨은 거래를 읽어내라

'선의'는 늘 조건을 숨기고 있다. 트럼프는 종종 이렇게 말한다. "난 네가 이길 수 있도록 도와주고 싶다", "이 제안은 너에게 최선이다", "당신 국민을 위한 결정이 되길 바란다". 이런 말은 협상에서 가장 달콤한 독이다. 을은 이 말을 들으면 즉시 이렇게 자문해야 한다.

"이 말의 진짜 목적은 무엇인가?", "지금 이 말은 나의 어떤 약점을 겨냥하고 있는가?", "이 '도움'의 대가로 나는 무엇을 내줘야 하는가?" 말의 이면을 읽는 힘이 곧 을의 방패가 된다.

2) 도움을 받되, 조건을 재설계하라

일방적 조건을 양방향 조건으로 바꿔라. 트럼프가 "지금 평화 협정을 맺자"고 한다면, 그 안에는 "너는 전쟁을 그만두고 내가 원하는 방식으로 물러나라"는 뜻을 내포하고 있다. 이럴 때 을은 이렇게 말해야 한다.

"그 제안을 검토하겠다. 하지만 그에 앞서, 우리 쪽 요구도 함께 논의돼야 한다." 이처럼 을은 상대의 제안을 무조건 수용하지 않고, 그 구조를 다시 짜는 기술을 가져야 한다. **"당신이 이런 조건을 요구한다면, 우리는 이런 보장을 요청한다"**, **"이 대화를 상생으로 만들려면, 다음과 같은 전제조건이 필요하다"** 이것은 협상에서 '받는 자'가 아니라 '조정자'로 거듭나는 방법이다.

3) 약점을 숨기지 말고 재정의하라

'약점'이 아니라 '현실'이라고 선언하라. 트럼프는 상대의 약점을 공격하기 위해 그 약점을 공개적인 이야기로 만든다. "이 나라는 미국 원조 없이는 아무것도 할 수 없다", "전쟁 비용의 90%를 미국이 부담하고 있다", "그들은 국민의 분노를 감당할 수 없을 것이다". 이런 언급이 나오면, 을은 그것을 감추려 하지 말고 오히려 그 내용을 '우리의 현실'로 인정하면서 다른 가치로 전환해야 한다.

예를 들어 **"우리는 전비에 어려움이 있어서 더욱 전략적인**

동맹을 추구한다", "국민 여론은 복잡하다. 하지만 그것은 전쟁의 고통을 마주하는 책임 있는 시민의 목소리다." 이렇게 말하면, 약점이 더 이상 약점이 되지 않는다. 그것은 정당성과 책임의 상징이 된다.

반격 정리

1. 상대의 약점을 감지하고, 공공의 명분으로 포장하여 조건 제시 ⇨ 약점을 인정하고 그 약점의 조건을 스스로 재정의한다.
2. 도와주는 척하면서 상대가 거절하지 못할 제안을 던짐 ⇨ 조건의 구조를 재설계하고, 상호적 요구 사항을 병행한다.
3. 협상 시점이 불리할 때를 선택해 협상 판을 주도함 ⇨ 협상의 프레임을 '시간'이 아니라 '조건과 가치' 중심으로 전환한다.
4. 여론을 활용해 상대를 도덕적 딜레마에 몰아넣음 ⇨ 정면으로 여론을 수용하고, 공동체적 책임과 현실 인식을 기반으로 대응한다.
5. 앞에서는 상생 뒤에서는 압박하는 이중 프레임 ⇨ 언어의 이중성에 주목하고, 일관된 언어로 신뢰 중심의 협상을 요구한다.

결론

 상대방의 약점은 그 자체로 협상 카드가 될 수 없다. 약점이 '자신의 논리가 설득되는 이유'로 전환될 때, 가장 강력한 협상 자산이 된다.

 트럼프의 협상 방식에서 '약점 공략'은 상대방의 문제를 꺼내 함께 풀어가겠다는 제안이자 자신에게 유리하게 하고자 하는 전술이다. 상대의 약점을 짚되 해결책을 제시하는 방향으로 제안할 수 있다면 협상의 무게중심은 자연스럽게 내 쪽으로 쏠리게 된다. 단, 상대의 약점을 '감싸고, 이해하고, 해결하는' 태도로 비춰져야 한다. 그리고 라모포사 사례처럼 일방적이거나 팩트에 어긋나면 오히려 역효과가 난다. 이 경우 힘의 과시로 여겨질 수 있다.

 약점을 교묘히 공략해 오는 갑을 향해, 을은 도움을 주겠다는 갑의 전략 혹은 포장을 벗겨내고, 자신의 현실을 스스로 해석하는 힘을 기를 필요가 있다. "나의 약점은 나의 말로 설명한다. 당신의 말로 이용당하지는 않는다."는 자세가 중요하다. 그러면 트럼프 같은 협상가에게 흔들리지 않을 수 있다.

트럼프 협상의 빛과 그림자

1. 성공한 협상의 패턴
2. 실패한 사례와 그 원인
3. 전략인가 충동인가?

성공한 협상의 패턴

도널드 트럼프는 협상가로서의 전통적 관점과는 거리가 먼 인물이다. 그는 이념이나 규범보다는 거래와 계산, 타이밍과 파격을 통해 협상을 설계했다. 그 결과, 전통적인 외교 '관례'와 무역 협상의 '규칙'을 무시하거나 혹은 재정의하면서 일정한 성공을 거두었다.

대표적인 성공 사례는 멕시코와의 이민 문제 협상이다. 트럼프는 "관세 부과"라는 강력한 경제적 위협을 통해 멕시코 정부의 즉각적이고, 실질적인 행동을 유도하는 데 성공했다. 실제로 관세가 부과되지는 않았지만, 멕시코는 국가경비대 배치와 'Remain in Mexico' 정책 수용을 서둘렀고, 트럼프는 "강한 미국 대통령"이라는 이미지를 만들며 자신에 대한 미국민의 지지를 결집했다.

그리고 NAFTA 재협상을 통해 탄생한 USMCA 협정의 발휘에는 "깨뜨릴 준비"라는 기술이 상대방의 양보를 유도하는 데 효과적으로 작용했음을 확인했다. 협정에서 미국은 노동 기준 강화, 자동차 원산지 규정 상향 등 실질적 이익을 확보했다. 협상의 과정 내내 트럼프는 "협정을 끝낼 수도 있다"는 메시지를 반복하며 심리적 압박을 가했다.

트럼프는 "개인화된 접근"도 잘 활용했다. 아베 신조, 김정은, 마크롱 등 세계 주요 지도자들과 친분 관계를 만들고 이를 전략적으로 활용했다. 공식 회담보다 골프 라운드나 개인 서신 교환 같은 비공식 접촉을 선호했고, 이렇게 쌓은 친밀감으로 마음을 열게 하고 상대로부터 심리적 유대감을 얻도록 하여 협상 분위기를 완화했다.

실패한 사례와 그 원인

그러나 트럼프의 협상 전략이 항상 성공적이었던 것은 아니다. 그의 '예측 불가능성 전략'은 때때로 상대국뿐만 아니라 미국 내 협상팀에도 적지 않은 혼란을 야기했고, 조율되지 않은 메시지는 실제 협상의 추진력을 약화시키기도 했다.

대표적인 실패 사례는 북한과의 비핵화 협상이다. 트럼프는 김정은 위원장과의 개인적 친밀감을 부각시키며 세 차례 정상회담을 성사시켰으나, 구체적이고 실효성 있는 비핵화 조치는 이끌어내지 못했다. 특히 하노이 회담에서 보여준 갑작스러운 결렬은 "협상의 틀을 바꾸겠다"는 그의 전략이 오히려 신뢰를 약화시킨 사례로 평가받는다.

또한 중국과의 무역 전쟁은 미국 기업과 소비자에게 상당한 피해를 주기도 했다. 관세 전쟁으로 말미암은 공급망의 혼란, 농산물 수출 감소, 미국 내 제조업 가격 상승의 부작용은 일부 보수 경제학자(그레고리 맨큐)조차 "경제학자들은 트럼프의 국제 경제 정책에 대해 거의 한 목소리로 반대하고 있다. (그의 정책은) 경제학과 경제사에 관한 매우 근본적인 오해에 기초하고 있는 것으로 보인다."(Economists are really united in opposition to the Trump international economic policy, [which] seems to be founded on a variety of very fundamental misconceptions about economics and economic history.)라며 트럼프의 전략에 회의적인 입장을 취했다. 이 말은 중국산 제품에 관세를 부과함으로써 타격을 준다고 주장했지만, 실제로는 관세 부담을 미국 소비자와 기업이 지고 있음을 의미했다.

그리고 트럼프의 협상 방식은 전통적인 우방국인 유럽, 캐나다, 한국 등과의 관계를 불안정하게 만들었다. 동맹과의 협상에서도 무역 불균형이나 방위비 분담금 문제를 '거래'의 프레임으로 접근했고, 이는 다자간 협력보다는 양자적 이익 교환을 우선하는 인상을 남겼다. 이로 인해 미국은 "신뢰하기 어려운 파트너"라는 국제적 이미지를 강화하게 되었다.

전략인가 충동인가?

트럼프의 협상 스타일은 국내외적으로 치열한 논쟁을 불러왔다. 협상을 일방적으로 전복하는 방식은 협상의 정당성과 안정성을 위협했으며, 특히 약자를 상대로 하는 압박은 도덕적 정당성을 상실했다는 비판을 받았다.

그의 힘에 기반한 "예측 불가능성과 강경한 입장이야말로 강대국 외교의 실질적 무기"라고 평가받기도 했지만, 다른 한편에서는 "즉흥적 결정과 감정적 대응이 오히려 미국의 외교적 자산을 약화시켰다"는 지적도 많았다.

이처럼 트럼프의 전략은 언제나 논란의 한 가운데에 서있다. 트럼프의 전략이 치밀한 설계였는지, 아니면 본능적인 충동이 정당화된 것인지에 대한 질문은 여전히 학계와 언론에서 활발히 논의되고 있는 사안이다.

성공과 실패는 같은 동전의 양면

트럼프식 협상은 철저한 '거래 중심적 접근'이었고, 다른 한편으로는 '감정과 힘의 전술화'였다. 이 양극단적 요소가 성공의 원인이 되기도 했지만, 동시에 실패의 씨앗이 되기도 했다.

상대의 '예상'을 깨뜨리고 '기존 틀'을 전복함으로써 성과를 만들어냈지만, 항상 장기적인 이익과 신뢰를 담보하지는 못했다. 결국 트럼프의 협상은 성과 중심의 단기 전략에는 잘 통했지만 협력 중심의 장기 외교에는 부적합한 한계를 노출했다.

다음 장에서는 이러한 평가를 바탕으로, 트럼프식 협상의 미래 가능성과 우리에게 남긴 교훈을 정리해보자.

트럼프에게서
배울 수 있는 것들

1. '정치적 거래의 시대'를 연 협상가
2. 협상의 기술
3. 단기 성과주의와 도덕적 공백

'정치적 거래의 시대'를 연 협상가

도널드 트럼프의 협상 방식은 단순한 정치 스타일의 변화를 넘어, 국제 정치와 글로벌 협상 질서에 구조적인 변화를 촉발한 사건이었다. 그는 대통령이자 협상가로서, '외교 = 신뢰와 예측 가능성'이라는 공식을 깨뜨리고, '외교 = 거래와 압박의 장'이라는 새로운 정의를 시도했다.

트럼프의 등장은 국제정치에서 전통적으로 중요시되던 일관성(consistency), 상호주의(reciprocity), 다자주의(multilateralism)의 지위를 흔들었으며, 글로벌 리더십을 감정·권력·비정형 협상 중심으로 재구성하는 시발점을 만들었다.

그는 미국을 '정의의 수호자'가 아닌 '이익의 경영자'로 포지셔닝했다. 그 결과, 세계는 '자국 이익'을 우선하며 미국과 직접 협상에 나서는 구조로 전환되었다. 그리고 "거래의 정치"(Politics of the Deal)를 통해 대통령이 협상의 최고 실행자임을 실증적으로 보여주었으며, 이는 다른 리더들에게도 '통제된 예측 불가능성'이라는 전략적 자산을 탐색하도록 만들었다.

이러한 트럼프의 협상 방식은 러시아, 중국, 브라질, 헝가리 등 여러 국가의 포퓰리즘 지도자들에게 일종의 모델이 되었고, 글로벌 협상 테이블은 점점 더 '정책보다 심리', '규범보다 힘'이라는 새로운 원칙 아래에 재편되었다.

협상의 기술

트럼프식 협상이 전통적인 외교 질서와 마찰을 일으켰다고 해서, 그의 전략 자체가 무가치한 것은 아니다. 오히려 트럼프의 사례는 다음과 같은 학습 가능한 교훈을 우리에게 제시했다.

1)이슈 연계 능력: 트럼프는 하나의 의제를 넘어서 다양한 사안을 한 테이블 위에 올려놓음으로써, 거래의 크기를 키우고, 상대의 양보를 이끌었다. 협상이 '하나의 문제 해결'이 아니라 '복수의 선택지 구성'이라는 점을 보여주었다.

2)타이밍과 언어의 힘: 항상 '최종 순간'을 통제하려 했다. 언론 인터뷰, SNS 발언, 정상회담 당일 발표 등, 말과 메시지를 활용한 타이밍 전략이 인상적이었다. 협상은 말이 아니라 타이밍의 예술임을 실증했다.

3)심리적 우위 확보: 분노, 침묵, 모욕, 공개적 압박은 단순한

감정이 아니라 심리전의 일환이었다. 언제나 감정과 전략을 결합했고, 이를 통해 협상판 전체를 자신의 프레임 안에 넣는 데 능숙했다.

4)일관되지 않은 메시지 전략: 고전적 커뮤니케이션 이론에서는 '일관성'이 신뢰를 만든다고 보지만, 트럼프는 다층적 메시지를 던지며 상대를 혼란에 빠뜨리는 '설계된 모순'을 전략화했다. 이는 '전술적 혼돈'(tactical confusion)이라는 새로운 협상 프레임을 제시한 것이었다.

이러한 전략들은 특히 예측 가능성이 낮은 환경, 높은 리스크의 협상, 상징 자원(symbolic resources)이 중요한 정치 협상에서 강한 효과를 발휘했다.

여기서 상징 자원이란 경제적·물리적 자원이 아니라, 의미와 가치, 정체성을 움직이는 자원을 말한다. 돈이나 군사력처럼 손에 잡히는 자원이 아니라, 국가의 명예, 정치적 정당성, 이념, 이미지, 체면, 국민감정 같은 것이다.

단기 성과주의와 도덕적 공백

그러나 트럼프식 협상에는 분명한 한계와 위험 요소도 있다. 가장 큰 문제는 신뢰의 파괴와 장기적 외교관계의 훼손이다. 그는 성과를 추구하며 모든 관계를 '제로섬' 구조로 전환했고, 이는 파트너십보다 경쟁의 논리를 강화시켰다. 장기적으로 보면, 미국의 외교적 자산과 도덕적 정당성을 약화시킨 결정적인 원인이 되었다.

1)동맹의 피로도: 트럼프는 한국, 일본, 독일, 프랑스 등 주요 우방국을 대상으로도 협박과 압박을 반복했다. 그 결과, 이들 국가는 미국을 '불안정한 협상자'로 인식하게 됐고, 결과적으로 동맹체계의 신뢰를 손상시키는 결과를 낳았다.

2)예측 불가능성의 역풍: 처음에는 협상의 무기로 작용하던 예측 불가능성이 점점 더 "신뢰할 수 없는 협상자"라는 이미지로 전환되었다. 이는 협상의 지속성을 위협하고, 상대에게도 '대안적 동맹'의 탐색을 촉발시켰다.

3)도덕적 정당성의 상실: 트럼프의 협상은 종종 상대국의 약점을 이용하고, 심리적 압박을 가하는 방식으로 이루어졌

다. 하노이 회담, 젤렌스키와의 광물 협상, 하버드에 대한 공개 압박 등은 협상이 법적·제도적 질서가 아닌 '힘의 논리'로 기울어질 수 있다는 경고를 남겼다.

트럼프식 협상은 강력하고 빠르지만, 동시에 고립과 반발을 부르는 구조이기도 하다. 이는 '거래의 정치'가 항상 유효하지 않으며, 신뢰와 협력과 존중이라는 요소가 제거된 협상은 궁극적으로 지속 가능하지 않다는 것을 시사한다.

에필로그. 협상의 끝, 혹은 또 다른 시작

이 책의 마지막 원고를 덮는 이 순간, 나는 다시 처음으로 돌아가 한 가지 질문을 떠올린다.

"우리는 왜 협상하는가?"

트럼프의 협상은 단순한 거래의 과정이 아니었다. 그것은 힘의 시연이었고, 감정의 표출이었으며, 언론과 여론, 심리와 권력까지 동원된 하나의 거대한 정치 극이었다. 그는 협상장에서 적을 만들었고, 동시에 지지자들을 결속시켰으며, 규칙을 어기며 새로운 규칙을 창조했다.

이 책은 트럼프를 찬양하기 위해서 쓴 것이 아니다. 나는 오히려 협상의 양면성, 더 정확히 말하면 성공과 실패, 기술과 윤리, 전략과 무책임 사이의 얇은 경계를 보여주고 싶었다.

트럼프는 때로는 이겼다. 그러나 그의 승리는 완전한 것은 아니었다. 많은 협상이 일시적으로는 성공했지만, 장기적으로는 신뢰를 남기지 못했다. 그는 협상을 지렛대로 삼아 대통령이 되었지만, 협상 때문에 비판을 받기도 한다. 그의 광인 전략은 놀라운 효과를 냈지만, 동시에 예측 불가능한 파열음도 남겼다.

나는 이 책에서 트럼프의 10가지 협상 기술을 조명했다. 현실의 미생들에게 약간의 통찰이나마 제공했으리라 기대한다. 그러나 동시에 트럼프식 협상 기술을 언제, 어떻게, 그리고 왜 사용할 것인지에 대한 윤리적 고민 또한 필요하다는 사실을 덧붙이고 싶다.

책은 끝이지만, 협상의 길은 계속된다. 나는 다음 책에서 '트럼프 이후'를 다뤄보고 싶다. AI 시대의 협상, 감정 노동과 비폭력 커뮤니케이션, 미중 패권과 글로벌 협상 프레임, 그리고 '신뢰'와 '이미지'의 전쟁 속에서 협상이 어떻게 변화할지를 추적할 것이다.

모든 시작은 인간이라는 감정의 존재로부터 비롯된다. 도널드 트럼프는 협상의 끝을 보여준 사람이 아니라, 협상의 끝을 어떻게 넘을 것인지 우리에게 질문을 던진 사람이다.

트럼프의 질문에 여러분은 어떤 대답을 할 것인가. 그 대답이 이 책의 진짜 결말이다. 그리고 새로운 협상의 시작이다.

부록. 협상의 주요 전략/기법

광인 전략(Madman Theory, 전략)

광인 전략은 상대방이 나를 예측할 수 없게 만드는 데서 출발한다. 실제로 비합리적이거나 극단적인 결정을 내릴 수도 있다는 인식을 심어주어, 상대가 스스로 타협안을 찾아오도록 한다. 이런 불확실성은 인간이 본능적으로 두려워하는 영역이기 때문에, 협상 상대는 "혹시 정말로 저렇게 할지도 모른다"는 불안감에 더 많은 양보를 하게 된다. 닉슨 대통령 시절 베트남전 협상에서 광인 전략이 사용되었고, 트럼프는 무역·외교 분야에서 이 전략을 즐겨 사용했다. 하지만 지나치면 '위험

한 인물'로 낙인찍혀 신뢰를 잃게 되므로, 정말로 판을 흔들어야 하는 결정적인 순간에만 써야 하는 '단발 카드'에 가깝다.

플린칭(Flinching, 기법)

플린칭은 과장된 놀람이나 당혹스러운 반응을 통해 상대방 스스로 자신의 요구가 지나치다고 느끼게 만드는 기법이다. 예를 들어, 누군가 가격을 제시했을 때 눈이 커지고 목소리가 높아지며 "네? 그 금액이요?"라고 되묻는다면, 상대는 자연스럽게 '내 요구가 과했나?'라며 의심하게 된다. 인간은 상대방의 표정과 억양, 미묘한 반응에서 신호를 읽어내는 데 매우 민감하다. 그러나 이 기술은 너무 연극처럼 보이면 신뢰를 해칠 수 있다. 가장 좋은 사용법은 큰 소리나 과도한 제스처 대신, 짧은 순간의 표정 변화나 짧은 침묵 같은 미묘한 반응으로 심리적 파장을 일으키는 것이다.

살라미(Salami, 전술)

살라미 전술은 큰 목표를 여러 조각으로 나누어 하나씩 달성하는 방식이다. 살라미 소시지를 얇게 써는 모습에서 이름이 붙었으며, 한 번에 모두 꺼내기보다 작은 요구를 여러 번 제시함으로써 전체적으로 더 큰 이익을 챙기는 방식이다. 이 방법을 쓰면 상대방은 '여러 번 뭔가를 얻고 있다'는 착각 속에서 만족감을 느끼게 된다. 반대로 내가 양보할 때도 한 번에 크게 하지 않고 잘게 나누어 제공하면, 실제 양보량이 적더라도 크게 베풀고 있는 것처럼 보인다. 다만 이 전략을 너무 길게 끌면 '시간 끌기'라는 인상을 줄 수 있으니, 각 단계마다 성과와 이유를 명확히 해서 집행해야 한다.

블러핑(Bluffing, 기법)

블러핑은 실제로는 실행 의사나 능력이 없지만, 있는 것처럼 강하게 주장해 압박하는 기법이다. 포커 게임에서 약한 패를 가지고도 강하게 베팅해 상대를 포기하게 하는 모습과 같다. 블러핑의 힘은 '정보 비대칭'에서 나온다. 상대가 내 실제 역량을 정확히 모를 때, 나는 더 큰 자원을 가진 듯 행동함으로써 그들의 판단을 흐리게 만든다. 하지만 이는 짧게 쓰는 카드다. 시간이 지날수록 실체가 드러나고, 실행하지 못한 약속은 신뢰 상실로 직결된다. 그렇기에 블러핑은 한 번 강하게 사용하고, 이후에는 다른 협상 카드로 자연스럽게 넘어가는 것이 바람직하다.

미러링(Mirroring, 기법)

미러링은 상대방의 말투, 표정, 몸짓 등을 거울처럼 따라 하는 기법이다. 이는 심리학적으로 '유사성의 법칙'을 활용하는 것으로, 상대방이 무의식적으로 친근감을 느끼고 방어심을 낮추도록 유도한다. 처음 만나는 자리나 신뢰를 쌓아야 하는 초기에 특히 효과적이다. 예를 들어 상대가 팔짱을 끼면 나도 천천히 같은 자세를 취하거나, 특정 단어를 반복 사용하면 나도 그 단어를 대화에 포함시키는 식이다. 다만 지나치게 똑같이 하면 흉내내는 듯한 인상을 줄 수 있어, 말투와 행동보다는 '감정의 톤'을 맞추는 것이 훨씬 자연스럽고 효과적이다.

침묵(Silence, 기법)

침묵 기법은 제안을 들은 직후 바로 반응하지 않고, 의도적으로 일정 시간 말을 멈추는 것이다. 이 짧은 공백은 의외로 큰 압박을 만들어, 제안을 한 쪽이 스스로 조건을 완화하거나 설명을 덧붙이게 만든다. 특히 20초가 넘는 침묵은 사람을 불편하게 만들며, 불편함을 해소하려는 심리적 본능을 작동시킨다. 침묵은 단순하지만 강력한 무기이므로, 특히 방어적인 협상이나 정보를 끌어내야 할 때 큰 힘을 발휘한다. 다만 상대가 침묵을 잘 견디는 인물이라면 효과가 떨어질 수 있으며, 무관심으로 오해받지 않도록 표정과 시선 처리를 병행하는 것이 좋다.

박차고 나가기(Walk Away, 전략)

박차고 나가기는 협상에서 더 이상 양보할 수 없다는 메시지를 행동으로 보여주는 전략이다. 자리를 떠나는 순간, 상대방은 '이 협상이 정말 끝날 수도 있다'는 위기감을 느끼게 된다. 이는 손실을 회피하려는 본능을 강하게 자극한다. 하지만 이 전략은 양날의 검이다. 타이밍을 잘못 잡으면 협상 자체가 무산될 수 있다. 그래서 실제로 완전히 자리를 뜨는 것보다, 잠시 휴식을 요청하거나 다음 날 다시 만나자는 방식으로 '부분적 철수'를 활용하는 것이 더 좋다.

굿가이-배드가이(Good Guy-Bad Guy, 전술)

굿가이-배드가이 전술은 두 사람이 역할을 분담해 협상에 임하는 방식이다. 한쪽은 온화하고 이해심 많은 '굿가이', 다른 한쪽은 강경하고 까다로운 '배드가이' 역할을 맡는다. 상대방은 압박과 유인을 동시에 경험하며, 결국 굿가이 쪽과 거래하는 것이 훨씬 유리하다고 느끼게 된다. 그러나 이 전술은 들통 나면 신뢰가 무너진다. 따라서 철저한 사전 조율과 리허설이 필요하며, 서로의 역할이 자연스럽게 보이도록 심리적 완급을 조절하는 것이 필요하다.

쿠션 화법(Cushioning Technique, 화법)

쿠션 화법은 상대방의 비난이나 반박을 곧장 맞받아치지 않고, 한 번 부드럽게 완충시켜 되돌려주는 대화 방식이다. "좋은 의견이네요"나 "그 부분은 저도 고민해봤습니다"처럼 긍정적인 말로 시작해, 이후에 자신의 주장을 펼치는 것이 특징이다. 이렇게 하면 불필요한 감정 충돌을 피할 수 있고, 상대는 "이 사람은 내 이야기를 귀 기울여 듣는다"는 인상을 받는다. 특히 감정이 격해진 상황에서 협상의 흐름을 안정시키는 데 유용하다.

죄수의 딜레마(Prisoner's Dilemma, 개념)

죄수의 딜레마는 협상과 게임이론에서 자주 등장하는 상황이다. 두 당사자가 서로 협력하면 모두에게 이익이지만, 불신과 경쟁심 때문에 각자 자신의 이익을 극대화하려다 결국에는 모두 손해를 보는 구조를 말한다. 예를 들어, 두 경쟁사가 동시에 가격을 내리면 소비자는 혜택을 보지만, 두 회사 모두 수익이 줄어드는 것과 같다. 협상에서 이런 상황은 의외로 자주 나타난다. 특히 '상대방이 먼저 양보해야 나도 양보하겠다'는 심리가 팽배하면, 결국 아무도 움직이지 않는 교착 상태가 된다. 이를 깨기 위해선 신뢰를 구축하는 장치, 정보의 투명한 공유, 상호 보장 메커니즘이 필요하다. 협상가는 이 구조를 인식하고, '협력의 장'을 설계하는 조정자의 역할을 해야 한다.

더블 바인드(Double Bind, 기법)

더블 바인드는 겉보기에 선택권을 주지만, 실질적으로는 원하는 방향으로만 흐르게 하는 교묘한 기법이다. 예를 들어, "이 계약은 이번 주에 마무리할까요, 아니면 다음 주 초에 할까요?"라고 물으면, 계약을 할지 말지에 대한 선택지는 이미 빠져 있다. 상대는 두 가지 중 하나를 고르는 것 같지만, 결국 협상가가 설정한 궤도 안에서만 움직이는 것이 된다. 이 기법은 심리적으로 상대에게 주도권이 있다고 착각하게 하면서, 협상가는 목표를 잃지 않는다는 장점이 있다. 그러나 상대가 이를 눈치채면 '조종당했다'는 반감이 생길 수 있으니, 질문의

톤과 상황 연출에 세심한 주의가 필요하다.

레드헤링(Red Herring, 전술)

레드헤링 전술은 본래 사냥개가 추적하던 길을 벗어나게 하려고 훈제 청어의 강한 냄새를 이용한 데서 유래한다. 협상에서는 본질적 사안에서 상대방의 주의를 돌리기 위해, 의도적으로 부차적이거나 자극적인 이슈를 꺼내는 것을 말한다. 예를 들어, 가격 협상에서 불리해질 조짐이 보이면, 전혀 다른 품질보증 문제를 길게 이야기해 흐름을 바꾸는 식이다. 이 전략은 시간을 벌거나 여론의 초점을 분산시킬 때 유용하다. 하지만 너무 자주 쓰면 '논점 회피'로 인식되어 신뢰를 해칠 수 있다.

기정사실화(Fait Accompli, 기법)

기정사실화 기법은 아직 합의가 끝나지 않았음에도 이미 결정된 것처럼 상황을 만들어버리는 방식이다. "다들 동의하신 걸로 알고 다음 단계를 준비하겠습니다"라는 말처럼, 반박할 틈을 주지 않고 기정사실로 만들어 상대가 이를 수용하게 한다. 이는 사회적 압박과 심리적 일관성의 원리를 동시에 활용하는 방법이다. 다만 이런 방식은 단기적으로는 협상을 유리하게 만들지만, 장기적으로는 '일방통행식 협상'이라는 인상을 줄 수 있어 관계에 금이 갈 위험이 있다.

문간에 발 들여놓기(Foot in the Door, 기법)

문간에 발 들여놓기는 작은 요구를 먼저 수락하게 한 후, 점차 그 범위를 확대해 나가는 전략이다. 예를 들어 "설문 2분만 해주실래요?"로 시작해, 이후 "그렇다면 10분짜리 인터뷰도 가능할까요?"로 이어가는 것이다. 한 번 동의한 사람은 스스로의 행동과 일관성을 유지하려는 심리적 경향이 있어, 이후의 요구도 수용할 가능성이 높다. 장기적 관계나 반복적 거래에서 특히 효과적이다.

머리부터 들이밀기(Door in the Face, 기법)

머리부터 들이밀기는 문간에 발 들여놓기와 반대되는 접근이다. 처음에 터무니없이 큰 요구를 던져 거절을 당한 뒤, 실제로 원하는 작은 요구를 제시하는 전략이다. 예를 들어, "한 달간 자원봉사 가능하세요?"라고 물은 뒤 거절을 받으면, 곧바로 "그럼 하루만 도와주세요"라고 제안하는 것이다. 두 번째 요구는 상대적으로 합리적으로 보이기 때문에 수락 가능성이 높아진다. 이 기법은 협상의 기준점을 높여 두 번째 제안을 수용할 때 심리적 저항을 줄이는 효과를 준다.

상대방 술수 간파(Detecting Deception, 기법)

협상 테이블에서는 허위 정보, 과장, 심리전이 종종 동원된다. 이를 간파하려면 단순히 상대의 말을 듣는 데서 그치지 않고, 표정·시선·말의 속도 변화·손동작 같은 비언어적 단서까지 주의 깊게 관찰해야 한다. 그리고 숫자나 사실관계에 대해 구체적인 질문을 던지면, 허위 정보는 그 과정에서 쉽게 드러난다. 예를 들어, "그 수치는 언제, 어떤 방법으로 조사된 건가요?"라는 질문은 사실 여부를 검증하는 동시에 상대를 압박하는 역할을 한다.

ABCD 신뢰모델(ABCD Trust Model, 모델)

ABCD 신뢰모델은 신뢰를 네 가지 요소로 나누어 관리하는 틀이다. A(Able)는 전문성과 실행 능력, B(Believable)는 정직성과 도덕성, C(Connected)는 관계 형성과 공감 능력, D(Dependable)는 일관성과 약속 준수다. 협상에서 이 네 가지 요소가 균형 있게 드러날수록, 단기 성과를 넘어 장기적 우위를 확보할 수 있다. 이 모델은 특히 파트너십, 장기 계약, 국제 협상 등에서 유용하다.

나사 조이기(Turning of the Screw, 전술)

나사 조이기 전술은 협상의 강도를 점진적으로 높이며 압박하는 방식이다. 처음에는 완만하게 시작해 상대를 방심하게 한 뒤, 조금씩 조건을 강화한다. 이 과정에서 상대는 압박이 계속 커질 것을 예상하고 조기 타협을 선택한다. 중요한 것은 압박의 속도를 조절하는 것이다. 너무 빨리 강도를 높이면 반발이 커지고, 너무 느리면 효과가 떨어진다.

치킨게임(Chicken Game, 전략)

치킨게임은 예측 불가능하거나 극단적인 행동으로 상대를 겁먹게 하는 전략이다. 마치 자동차 경주에서 서로 피하지 않으면 충돌하는 상황처럼, 내가 끝까지 물러서지 않을 것이라는 이미지를 심는다. 위험 부담이 크지만, 성공하면 강력한 심리적 우위를 점할 수 있다. 그러나 실패할 경우 피해 역시 크므로, 치밀한 계산과 '마지막 순간 물러날 여지'를 반드시 마련해두어야 한다.

눈에는 눈, 이에는 이(Tit for Tat, 전략)

Tit for Tat은 상대방의 행동에 동일하게 대응하는 상호주의 전략이다. 상대가 협조하면 협조로, 비협조적으로 나오면 강경하게 대응하는 식이다. 이 전략은 공정성과 예측 가능성을 동시에 제공해, 상대방의 행동 패턴을 변화시키는 데 효과적이다. 다만 초기의 작은 오해가 보복의 악순환으로 이어지지 않도록, 대응 강도를 상황에 맞게 조절해야 한다.

니블(Nibble, 기법)

니블은 합의 직전에 작은 양보를 추가로 요구하는 전략이다. 이미 많은 시간을 투자한 협상에서 결렬을 피하려는 심리가 작동해, 상대가 이를 받아들일 가능성이 높다. 예를 들어 계약서 서명 직전에 "배송비도 포함해주실 수 있나요?"라고 요청하는 것에 해당한다. 그러나 요구가 너무 과하면 마지막 순간 신뢰를 깨뜨릴 수 있다.

카운터 니블(Counter-Nibble, 기법)

카운터 니블은 상대방이 작은 양보를 요구할 때, 이를 지렛대로 삼아 더 큰 이익을 얻어내는 대응 전략이다. 예를 들어 "배송비만 포함해달라"는 요청에 "그렇다면 납기일을 3일 줄여주시죠"라고 맞받아치는 식이다. 이는 작은 요구를 협상의 새로운 기회로 전환한다.

쥐어짜기와 가치 창출(Claiming & Creating Value, 전략)

쥐어짜기는 제한된 자원을 나누는 제로섬 방식이고, 가치 창출은 새로운 가치를 만들어 파이를 키우는 방식이다. 전자는 '내가 더 가지면 상대는 덜 갖는' 구조지만, 후자는 협상 범위를 확장해 모두가 더 많은 것을 얻을 수 있는 구조를 만든다. 예를 들어 가격만 두고 싸우는 대신, 결제 조건·서비스 범위·추가 옵션 등 새로운 요소를 넣어 상호 이익을 키우는 것이 가치 창출이다. 능숙한 협상가는 상황에 따라 이 두 방식을 적절히 오가며, 최종적으로는 상생에 가까운 결과를 설계한다.

우리 삶에 필요한 좋은 습관 정보를 메일링 받으세요.

(BH 058)

대화의 주도권을 잡는 협상의 기술
: 트럼프에게 배워 일상에서 써먹다

초판 1쇄 발행 2025년 9월 15일

지은이 정재엽

펴낸이 이승현
디자인 페이지엔

펴낸곳 좋은습관연구소
출판신고 2023년 5월 16일 제 2023-000097호

이메일 buildhabits@naver.com
홈페이지 buildhabits.kr

ISBN 979-11-93639-54-2(13320)

- 이 책은 저작권법에 따라 보호받는 저작물이므로 무단 전재와 복제를 금지합니다.
- 이 책의 내용 전부 혹은 일부를 이용하려면 반드시 좋은습관연구소로부터 서면 동의를 받아야 합니다.
- 잘못된 책은 구매하신 서점에서 교환 가능합니다.

좋은습관연구소에서는 누구의 글이든 한 권의 책으로 정리할 수 있게 도움을 드리고 있습니다. 메일로 문의주세요.